現代社会学ライブラリー 5

# アメリカの越え方

## 和子・俊輔・良行の抵抗と越境

吉見俊哉
Shunya Yoshimi

Library of Contemporary Sociology

弘文堂

# 序　良行のアメリカ　俊輔のアメリカ

## 良行は百歩先まで歩いた？

私は以前、鶴見俊輔氏の講演を聴きに行き、会場からこんな質問をしたことがある。

「鶴見俊輔さんも鶴見良行さんも、アメリカについて多くを書かれていますが、俊輔さんのアメリカと良行さんのアメリカは、私にはずいぶん違うところがある気がしています。俊輔さんから見て、良行さんのアメリカとご自身のアメリカでは、どこがどう違うとお考えでしょうか？」

この質問は、ずいぶん以前から俊輔氏に一度はしてみたいと思っていたものだ。なかなか機会がありそうでなかったので、たまたまの機会ではあったが聞いてみることにした。今も明確に覚えているが、俊輔氏はこの質問に対し、「良行は、私よりも百歩も先まで歩いたと思っています」と答え始めた。「おッ、これはなかなかいいぞ、今までにない答えが聞けるかもしれない」と、思わず私は身を乗り出した。しかし、俊輔氏の返答はなぜかその後、良行氏の父とご自身の父との対比に逸れていき、自分の父親である鶴見祐輔がいかに俗物であったかの批判に向かっていった。「そのお話は、いささか聞き飽きています。すでに多くの本で、お父上のことは話されていますよね」――そう心に思っても、こんな失礼な突っ込みを入れるわけにもいかず、残念ながら話を始まりの地点に戻すことはできなかった。私が本当に聞きたかったのは、俊輔氏が「良行は百歩も先まで歩いた」としたその「百歩」の中身である。

もちろん、対談や鼎談のような機会があれば、この質問を再びぶつけてみたいという気持ちはあったのだが、そうした機会を作れないままに日々が過ぎていくなかで、この問いへの答えは、むしろ私自身が俊輔と良行の著作を読み込むなかから仮説的に出すべきものなのではないかという考えが強まっていった。すでに鶴見俊輔は、語り下ろしの自叙伝ともいえる『期待と回想』のほか、上野千鶴子と小熊英二による秀逸なインタビューに答えている。

このインタビューを小熊らは周到に準備し、俊輔から語り下ろしだけでは見えてこない厚みのある返答を引き出すことに成功している。これら以外にも、黒川創が丁寧にまとめた記録が多くあり、著作集やそこから漏れている諸著作も、かなりの程度まで入手可能である。鶴見良行にしても、すでに著作集が出ているし、彼らがベ平連で活動をしていた当時の記録にも事欠かない。鶴見俊輔や良行が戦後日本の生んだ最良の批判的知性であることは周知のところで、彼らについての資料が少ないから聞き取りをしなくてはならないような状況ではない。むしろすでにある膨大な資料をどう読み込んでいくかに、前述の問いへの答えの鍵がある。

そこで本書は、私が鶴見俊輔氏にぶつけた問い、つまり俊輔と良行の「アメリカ」は、どこがどのように違うのか、俊輔が「良行は自分よりも百歩も先まで歩いた」と語ったその「百歩」とは何を意味しているのか、そしてこのように二人の「アメリカ」の違いを考えることから、私たちは戦後日本の内からアメリカを越える方法をいかに構想できるのか――。こういった諸点について、私なりに答えを探りたいという思いから構想された。

ところが実際に書き進めるうちに、話はどうも俊輔と良行だけにとどまりそうもないことがわかってきた。俊輔と良行の「アメリカ」に加え、俊輔の姉・和子と父・祐輔の「アメリカ」がどうしても語られなければならない。そして祐輔まで話が広がると、やはり俊輔や和子の祖父である後藤新平までを視野に入れていかなければならなくなった。鶴見俊輔や和子の思想的挑戦をめぐり、二人が祐輔の子であること以上に、後藤の孫であることの意味を考えなければならない。つまり、明治国家の中枢にいた後藤に対し、その孫である俊輔や和子は、祖父が体現した国家から離脱し、国家への従属とは異なる生の可能性を探求し続けた。他方、鶴見家において、後藤の武士的なエートスを引き継いでいた母と、アメリカニズムの体現者であると自認していた父の組み合わせは、一般的なジェンダー構成（父によるナショナリズムの体現／母によるアメリカニズムの体現）とは構図が反転するが、それでも近代国家としての日本と相似形をなしていた。俊輔や和子にとって、祖父や母、父が体現していた近代国家は小さい頃からきわめて身近な存在であり、だからこそそこからの離脱が彼らの挑戦だった。

## アメリカという自己／他者

鶴見祐輔、和子、俊輔、良行のそれぞれにとって、「アメリカ」は異なる意味をもって立ち現われていた。祐輔のとっての「アメリカ」とは、アメリカ国家のことであり、したがってアメリカとの関係とは、国際関係を意味していた。逆にいえば、そうした国家としてのアメリカに対するのは国家としての日本であり、祐輔の語りは、概してこの国家としての日本の側からなされていた。つまり、彼は言説の構造からして、自分を国家に同一化させていたのである。これはいささか表面的なアメリカ観ともいえようが、今日に至るまで、大部分のアメリカ論はこの種のタイプである。この言説は、つまるところ日米関係論に行きつくことになる。

ところが和子や俊輔、良行にとってのアメリカは、それぞれの人生を通じて自己の一部として内面化されていた。つまり彼らは、最初から「アメリカ」を自己の外側の存在として語れるような位置にいたのではない。彼ら三人は、いわば親米エリート一家の「二世」として、自分の成長期の重要な場面をアメリカで過ごしている。彼らの自己は、日本と同じくらいにアメリカでも揺籃されたのであり、彼らは日本人であると同時にアメリカ人だった。そのような人々にとって「アメリカ」は、単に「外国」として語ればすむような存在ではない。むしろここでは、〈日本／アメリカ〉の関係軸が、〈自己／他者〉の関係軸と絡まり、これらに〈エリート／大衆〉〈支配／被支配〉〈帝国／コロニアル〉といった関係軸が交差していた。

たとえば鶴見和子と俊輔は、一貫してエリートよりも大衆の側に、支配よりも被支配の側に自己を置こうとし続けてきた。しかし彼らの思考やアイデンティティの基盤は、アメリカの思想風土と離れがたく結びついていた。したがって、戦後日本において近代天皇制の支配体制とアメリカの占領体制が抱擁していくと、つまりアメリカニズムが明らかに戦後日本社会の政治・イデオロギー的支配秩序となっていくと、自らの思想的基盤を内側から批判し、乗り越えていく必要に迫られることになる。こうして思想の科学研究会という共通の媒介項を経て、和子はやがて生活記録運動への参与から柳田国男や南方熊楠の民俗学的世界へ、俊輔はやがて一方では原水爆禁止やベトナム反戦の運動へ、他方ではコミュニケーションの哲学としてのプラグマティズムからディスコミュニケーションの哲学へと向かっていった。

こうしたなかで、鶴見良行の位置は少々異なっていた。和子や俊輔が、後藤新平の愛孫であり、その長女の子、あるいは鶴見祐輔の子であることによって、自由であるためには自らの家族とほとんど一体化していた明治国家の重圧から離脱しなければならないように運命づけられていたのに対し、祐輔の弟の息子であった良行は、傍系であることでそうした重圧を免れている。和子や俊輔には、ある種の「本家」故の困難があり、彼らはこの家族＝国家の壁を全力で突き抜けていくのだが、俊輔たち以上にアメリカ育ちでも、良行の人生の最初からそうした特別の条件があったわけではなく、むしろ彼は、俊輔や思想の科学研究会、そしてベ平連の影響を受けながら、国家と対面することや「アメリカ」を越える方法を発見していった。

鶴見家の「二世」たちが、明治国家やアメリカの呪縛を越えていくには、一国の境界線を越える地政学のなかで「日本」を相対化していかなければならなかったように見える。鶴見和子が行き着く南方熊楠は、アメリカで数年を過ごし、中南米を旅し、やがて大英帝国の首都の博物館で業務をしていった人だった。西洋をコロニアルな次元から深く経験した人だったからこそ、紀州・田辺の地に帰還後、村の生活や民俗を深く観察し、地元から明治国家に対して神社合祀反対の狼煙をあげていったのだ。他方、俊輔の眼差しは、米国とメキシコ、日本と朝鮮半島の境界線を越えることによる世界の見え方の変化を見据えていた。さらに良行は、東南アジアから戦後日本を眺め返す視点を獲得していた。日本とアメリカの間の越境は、もちろん本書で取り上げるすべての人物に共有されているが、和子と俊輔、良行が志向したのはもう一つの越境、北米と中南米の、日本と朝鮮半島、あるいは東南アジアとの、つまり「戦後」という時代を成り立たせる背景となった世界秩序のなかで、かつての宗主国とその植民地の、あるいはよりグローバルに植民地的構造のなかに組み込まれていた地域の越境だった。

次章以下では、鶴見和子、俊輔、良行それぞれの越境とオルタナティブな歴史の主体についての構想を、それぞれが抱え込んでいた「アメリカ」との関係意識を軸に据えながら考察してみることにしたい。また、彼らの父や祖父の世代との対照を際立たせるために、父祐輔の「アメリカ」への対し方、あるいは後藤新平や新渡戸稲造との関係についても若干言及する。これは、本書が狙っているのが、決して「ツルミ一族」の個別的な人生についての回顧ではなく、むしろ祖父や父母との関係において「近代」を特殊な仕方で抱え込むことになった知識人たちが、国家に対し、あるいはグローバルな力に対し、いかなる挑戦的な思考と実践をしていったのかを、可能な限り固有名詞形ではなく普通名詞形で考えたいからである。

# 第1章 祐輔から和子へ

## 1．和子・俊輔と国家の影

### 母の影から

鶴見和子は、父に愛された長女であり、俊輔は、母に激愛された長男であった。父の愛は娘に安心感を与えるものであったが、母の激愛は、息子にとってとてつもない抑圧となり、何度となく彼を自殺へと追い込みかけた。この母の抑圧的な愛の重さと大きさ、そこから逃れる必死の抵抗の経験が、その後の俊輔の知的生産力の大きさの根源をなしていく。そしてこれは、鶴見和子と俊輔の、とりわけ俊輔の、アメリカとの思想的な関係を考える上での避けて通れない入口となるように思われる。母との葛藤について、俊輔は数えきれないほどの発言を残しているが、1968 年の時点で語られた次の一節もそのひとつである。

「母は、わたしのどんな欲望の中にもわりこんで来て、わたしの欲望とその相手との間にわってはいる。このように自分を独占されることが愛されることだとしたら、愛されることだけは、こりごりだと、今はおぼえていないほど小さい時から確信をもってきた。わたしは、わたしの歴史のはじまりこのかた、愛にかつえたことがない。

一生分、愛された。それは、窒息しそうな経験だった。ある夜、眼がさめて、自分の呼吸が隣の部屋から計られていると思った。

そう思うと、たえられなくなって、ふとんをかついで、三階分の階段をおり地下のボイラー室までいって寝た。そこまで降りても、家にいるかぎり、母から自由に眠ることができると思えなかった。
　誰にとってもそうかも知れないが、母はわたしにとっては巨人だった。わたしの上におおいかぶさり、わたしを、その腕の外に出られないようにした。
　何よりもこたえたのは、こどものころのわたしには、母の正しさが疑えぬことだった。正義の道は、母が独占している。その道を、母の言うとおりに服従して歩いてゆくか。もしもわたしが自由を欲するならば、わたしは悪をえらぶ他なかった。つねに、悪をえらぼう、これが、はじめにわたしのなかに生じた魂の方向だった。した悪事が今から見て小さいことだったとしても、それぞれの時期に、わたしにとっては、力いっぱいの努力だった」[1]

いったい、もの覚えのつかない頃から、愛されることだけはこりごりだと確信して育っていく子どもがどれだけいるだろうか。この母による息子への強烈な愛は、息子から自由の余地を奪い、自我の感覚に抑圧として作用した。鶴見俊輔は、それが彼に取ってどれほど「窒息しそうな経験」だったのかを、何度も饒舌に回想し続けた。序章でもふれた上野千鶴子と小熊英二による聞き取りでも、「おふくろは、私が十五歳でアメリカ留学に行かされるまで、私を折檻するだけだったんだ。二つか三つのときから折檻なんだ。これは子どもにとっては、ものすごく痛くてつらい。少し大きくなってからも小遣いはくれないし、小学校でもちょっとでも道草すると、もう折檻されるんだ。三つくらいのときに、ゴーフルっていう、甘くて大

1　鶴見俊輔「退行計画」『私の地平線の上に』鶴見俊輔集 8、筑摩書房、1991 年、530-531 頁

きな焼き菓子があるんだけど、あれを自宅の棚からくすねて食べたら、ものすごく折檻されて、『こんな悪い子が生まれたのは私のせいだから、刺し違えて死ぬ』とか言うんだからね。もう毎日毎日、『お前は悪い子だ』の連続なんだよ」と語っている[2]。

さらに加えて、「母親というのは、子どもにとって内心の先住民族であり、圧政者なんだよ。スターリン以上かもしれない」とも述べ[3]、数年後には黒川創に対し、「私にとって、おふくろはスターリンなんですよ。彼女が正義も道徳もすべて独占している。だから、こっちは命を賭して戦うしかないんです。たとえば、おふくろは飯を食うたびに、箸の持ち方が悪いといって叱るんです。こっちは、どういうふうに箸を持つかはわかっている。でも絶対その通りにはしない。教わった通りにはしないというのが、私の抵抗の所作なんです」と、「母＝スターリン」説を繰り返している[4]。俊輔の語りを真に受けるならば、鶴見家では、まるで「スターリン」のような母による規律訓練型の専制政治が支配し、その下に子どもたちの日常が置かれていたということになるのだろうか。

そうした解釈はまったく間違っている。実際、姉・和子の眼が捉えていた母の姿は、俊輔の強迫的ともいえる苛烈なイメージに比べると、はるかに納得のいくものだ。和子は母と俊輔の関係について、「母はサムライ気質で、長男は立派に育てあげなければ、『ご先祖さまに申訳がない』という強烈な責任感を持っていた。立派に、というのは、決して、立身出世を願ったのではない。『正しい人になる』ということであった。ひとのお世話になったり、ひとに迷惑をかけたりせず、自分で自分の始末のできる人になるように、という、ま

2　鶴見俊輔、上野千鶴子、小熊英二『戦争が遺したもの』新曜社、2004 年、23 頁
3　同書、24 頁
4　鶴見俊輔『言い残しておくこと』作品社、2009 年、13 頁

ことにつつましい、しかし最もきびしい価値基準をもって、弟の日常茶飯の小さな行ないにいたるまで苛酷に糾弾した。母は弟を深く愛したので、その叱り方は、強烈をきわめたのである」[5]。

和子も俊輔も、彼らの母のなかに、「武士」的なエートスの継承を感じ取っている。和子が回想するところでは、彼ら一家が天長節に学校の式典を休み、家族旅行に出かけた際、これを「不忠」であると咎めた女子学習院の教師に対し、母は「うちの子どもは自分が悪いと思わないときに謝るようには躾けてございません」と言い放ったという。俊輔も、彼がハーバード大を卒業して日米交換船で帰国した後、伯父の伯爵後藤一蔵が俊輔を連れて「この子はアメリカ人と同じくらいの早さでアメリカの大学を卒業した」ことを自慢してまわったときのことを回想する。俊輔によれば、母は「普通のアメリカ人よりも三歳も若く大学を出たのを、アメリカ人並みだなんて、伯爵ごときが言うべきことじゃない」と激怒したという[6]。

こうして学校教師も、伯爵もものともしない一方で、この母は「自分を、まったく無かちなもの、つまらないものと思いこんでいるようだった。そして自分のすべての力をあげて、夫と子どもたちに献身した。そして周囲のたくさんの人たちの世話をすることを好んだ。ところがふしぎなことに、その献身は、没我であることによって、かえって母自身が意識していないほどに強烈な自己主張をともなった。自分が正しいと思うことにいちずに、がむしゃらに、てっていてきに、献身するかわりに、まわりの人たちもそうすることを、強烈に希求するという、無我の我ままなのである」[7]。

一連の証言が示しているのは、この母は長男をとてつもなく誇り

5　鶴見和子「おなじ母のもとで」『鶴見和子曼荼羅』第Ⅶ巻、華の巻、藤原書店、1998年、87頁
6　鶴見俊輔、黒川創『不逞老人』河出書房新社、2009年、89頁
7　鶴見和子「母の思い出」『鶴見和子曼荼羅』第Ⅶ巻、85頁

に思い、彼を献身的かつ激烈に愛していたことである。このような真正面から正しさを希求する母の愛に抵抗することは、さすがの俊輔をもってしても容易なことではなかった。

ローレンス・オルソンは、この俊輔の自意識の根幹をなす「母の影」を、彼の国家への深い反抗、後に彼が「方法としてのアナキズム」と呼んでいく思想の原基と結びつけている。前述のように、「母親からの窒息しそうな注視のもとで、鶴見は愛というものを、独占されることや操縦されることと同等視するようになった」。彼の人生は、この母の愛からの逃走に賭けられていくが、「やがて、母親が吹きこんだありとあらゆる罪の向こうに、彼は、母親と、彼女が育った明治世界を同一視するようになる。その進歩信奉と、失敗の余地を認めぬ『言行一致』をいう信念を、毛嫌いするようになったのだ」[8]。後藤新平の娘であった母は、新平が背負い込んでいた明治国家とサムライ精神を、多少なりとも引き継いでいた。江戸時代の熟成されたサムライのエートスは、明治国家が発明した近代天皇制と結びつき、東アジアにおぞましき帝国を出現させつつあった。若き俊輔において、母の厳格さは、このサムライのエートス、それに支えられた明治国家の影と重なり、この二重化された影に俊輔は終生、反逆し続ける。

## アメリカン・パパとしての父

序章でもふれたように、鶴見俊輔は父祐輔に対して厳しい。母に対する感情は、逃れ難い抑圧的な愛情に対する必死の抵抗という、きわめてアンヴィヴァレントな性質のものであり、そのことの決定的な意味も認めているのに、父のほうは「一番病」に罹った近代日

---

8 ローレンス・オルソン『アンビヴァレント・モダーンズ』新宿書房、1997年、172-173頁

本の知識人の典型として突き放している。つまり、母に対して俊輔は、どれほど激しい呪い言葉を浴びせようとも、おのれの始点でもあるその呪縛から永久に抜け出せないと観念しているのだが、父に対しては一貫して距離をとり、あえて言えば軽蔑し続けている。今日に至っても、俊輔は父について、「私は親父と、言い合いとか怒鳴り合いをしたことさえない。親父に対しては、『こいつは、しょうがないやつだ』という思いだけをもち続けてきた。学校で成績が一番になるなんて、あてにならないやつだという意識できたからね」と語る。さらに彼は、「私の親父に対する考えは、『こいつは人間として、だめだな』というもの。親父と話していると、大抵のことについて、説明すれば『うんうん』と全部わかってしまうんだ。そういう人は、だめなんだよ」とまで畳みかける[9]。そしてこの父親への不信感は、日本の知識人、とりわけ一高や東大を出た知識エリートたちへの不信感に重ねられていく。

つまり俊輔の考えでは、父のこの一番病は、近代日本の国家体制と結びついている。というのも、「親父は、勉強だけでのし上がってきた人だったんだ。貧しい生まれで、一生懸命に勉強して、一高で一番になるところまではきた。それで後藤新平の娘と結婚したんだ。そうやって勉強で一番になってきた人だから、一番になる以外の価値観をもっていない」。父祐輔は、「小学校からいつでも一番で来て、一高英法科の一番だったから、人間を成績ではかっちゃう」人間となった。こういう人は、「自分で考える力はないんだけど、学習がうまい」。それで「近代化するには、こういう人間を養成することが必要だったんだ。だけど学習がうまいと、脇が甘くなっちゃうんだ。教わっていないこととか、試験に出ない範囲のことが出

9　鶴見俊輔、黒川創『不逞老人』101 頁

てきたら、そのまま溺れちゃう」[10]。その結果、彼らは節操もなく転向を重ね、「自由主義が流行れば自由主義の模範答案を書き、軍国主義が流行れば軍国主義の模範答案を書くような人間」となる。こうした人間を近代日本がはびこらせたのは、「学校に試験で入って一番で出て、欧米の知識を並べて話せる人間が、権力の座につけるという仕組み」に原因がある[11]。

しかし、ここでも再び和子が描く、俊輔のそれとは著しく異なる父親像を参照するなら、俊輔による父祐輔に対する厳しい評価には、多少の修正も必要なのではないかという気もしてくる。和子のほうは、祐輔の公人としての「弱さ」を認めながらも、家庭の父としての優しさを讃える。和子によれば、父は「声を荒げて物を言うようなことは一切しませんでした。だから家の中では本当の言論の自由がありましたから大変でしたよ。お客さんが来ても、親しい人だったら一緒に食事して、それでがやがや議論するのですよ。子どもも親をやっつけたりで。それでも最後の最後まで議論して、家の父が最後にね、『もう私は年寄りですから、この辺で寝かせてもらえないでしょうか』って寝室に行く。戦争中だってなんだっていつでもそうでした」という[12]。

俊輔と和子で、同じ父親のふるまいが、正反対に解釈されているのに気づく。俊輔にとって、軽蔑の理由となった父の「柔軟さ」が、和子にとってはむしろ安心と尊敬の理由になっている。そしてどちらの方向で解釈するにせよ、ここで企図されていたのは、封建的な家父長制の呪縛を脱したアメリカンな家庭のイメージである。明らかにこうした家庭は、俊輔の母が信奉していた武士のエートスとも

10　鶴見、上野、小熊『戦争が遺したもの』22 頁
11　同書、17 頁
12　鶴見和子「祖父・後藤新平」『鶴見和子曼荼羅』第Ⅶ巻、22-23 頁

相容れないものだったようにも思われる。

新渡戸稲造の愛弟子で、「自由主義者」でもあった鶴見祐輔は、その政治思想と家庭生活の両面で「アメリカ」を志向していた。やがてその政治的転向によって思想的一貫性は著しく損われるが、家庭においては「アメリカ」を実現することを目指し続けた。その父親の思いを、長女の和子は理解し、受け入れた。しかし俊輔からすれば、これは欺瞞以外の何ものでもなく、彼は根本において母の頑固なまでの武士的厳格さを受け入れていた。

父祐輔はといえば、彼はどうもこうした子どもたちの父への複雑な態度を、それほど深くは理解していなかったかもしれない。たとえば彼は、戦後に『文藝春秋』が企画した娘との対談のなかで、アメリカの家庭では概して父親が子どもに寛大であるとの自説を披露し、「だいたい、寛大な家庭からは不良少年は出ない。それは簡単に説明できるんです。家が厳しいと、ちいさな時からウソを言うんです。叱られますからね。寛大な家庭では叱られないから、ほんとうのことを言うんです。それを考えると、（アメリカのように）慈父厳母でなければいかんですね」と、驚くべき発言をしている[13]。俊輔は、まさにこうした家庭に反発して、不良少年になったのではなかったのか。そうした足元の現実を直視せず、平然とアメリカの理想と自分の方針を重ねてしまう能天気さには、俊輔ならずとも不信感を抱いたであろう。

しかしそうだとすると、俊輔の父に対する不信感は、本当に彼の転向だけに原因があったのだろうか。和子は父の転向に俊輔と同じく批判的でありながら、アメリカン・パパとしての祐輔を深く受け入れていた。俊輔にとって欺瞞でも、和子にとって愛は愛であり、

13　鶴見祐輔、鶴見和子「オー・マイ・パパ」『鶴見和子曼荼羅』第Ⅶ巻、60-69頁

それはそれで肯定されるべきものだった。鶴見家では、父との間で見せかけのアメリカン・ファミリーが演じられ、母からは武士的なエートスの実践が要求されていたのなら、俊輔が反発したのは後者のエートスの息苦しさに対してだったのか、それとも前者のアメリカニズムの欺瞞性に対してだったのか。あるいは、もしもその両方であったのなら、母の武士的なエートスと父のアメリカニズムはどこで結びつき、俊輔や和子を守りも、苦しめもしていたのだろうか。

**明治国家に揺籃されて**

鶴見姉弟と父母の間に交わされていった受容と反発の意味を理解する重要な鍵は、彼ら家族と後藤新平の関係にある。いうまでもなく、後藤新平は和子や俊輔にとっては母方の祖父である。この祖父との関係は和子のほうが深く、ちょうど新平の妻が他界したので、その世話を娘の愛子、つまり和子らの母がみていたときに、新平がしていた外務大臣の官舎で鶴見和子が生まれている。そもそも「和子」という名自体、他界したばかりの新平の妻に由来するもので、後藤家では和子はそのもう一人の和子の生まれ変わりだと語られていたという。後藤新平は癇癪持ちで、一家のなかでも畏れられていたようだが、和子や俊輔の母は、新平の身の回りを世話すると同時に、この父にも正しいと思うことを臆せず直言する性格だったから、こうした新平と愛子の関係は、後藤家のなかでの孫の和子らの特別の地位を保障していたと思われる。

和子と俊輔は、和子が 10 歳、俊輔が 6 歳になるまで後藤家に住み、新平爺とほぼ毎日会っていた。後藤は維新の人であり、子ども好きでもあり、「こうしろとか、ああしろとか、お行儀をよくしなくちゃいけないなんて決していわずに、『おれは牢屋に入ったことがあるんだぞ』と」孫たちに話した。それで俊輔は、「ああ、このじいさんは牢屋に入るほどの偉い人なんだ、牢屋に入る人が偉いというのが、私の基準になっちゃった」のだそうである[14]。後藤家では幼い姉弟は特別な存在だったから、「チヤホヤされて、自然に、自分でも偉いんだという錯覚が起こっちゃうんです。それで、年をとるとその身ぶりが出てくる」と、俊輔は回想する[15]。

俊輔は後に、母の強烈な武士的エートスは、後藤新平に由来するものだったのではないかと語っている。後藤には一徹なところがあり、「決して賄賂は取らなかったし、変にお金も貯めない人」だった。それでいて「見栄っ張り」であったから、正力松太郎が読売新聞を買い取るときにも、自分の家と土地を抵当に入れて資金を工面してやり、死後は財産らしきものも残らなかったから自宅は満洲国に売られていくことになる。こうしたエートスが、俊輔は祖父から母に受け継がれていたと考える。この母と祖父との関係は特別なもので、後藤は政府の要人であったから、その長女である母は「どこでもちやほやされたでしょう。それが逆に、おふくろ自身の傷になっていたんだよ」と俊輔は言う[16]。

この母の自虐的な面が、今度は母から息子・俊輔へと受け継がれていくことになる。明治国家の中枢にいたエリート一家の「明」の面が、若き鶴見和子に刻印されていたとするなら、同じ一家の「暗」の面は、若いころの俊輔に刻印されていた。いずれにしても、幼少期を祖父と一緒に過ごした和子と俊輔は後藤家のなかで特別な存在であり、やがて新平が他界して祐輔一家が後藤家から離れた後も、この長女長男と、最初から新平の影響圏の外にいた他の妹弟との間には、はっきりとした断層があった。

---

14　鶴見俊輔『言い残しておくこと』70 頁
15　瀬戸内寂聴、ドナルド・キーン、鶴見俊輔『同時代を生きて』岩波書店、2004 年、87 頁
16　鶴見俊輔、黒川創『不逞老人』94 頁

いわば、後藤新平が和子や俊輔に及ぼした直接・間接の影響は、明治国家の影のようなものであったと言えるかもしれない。鶴見家のなかでも和子と俊輔だけが、文字通り明治国家に揺籃されることのなかから人生を出発させているのだ。この特殊性が、この二人の知的達成を個人的なものという以上に、近代日本のオルタナティブな可能性として考えなければならない一つの理由である。実際、後藤は、明治日本が東アジアに勃興する新しい帝国として台湾を領有し、総督となった児玉源太郎が彼を民政局長に抜擢した時点から、明治国家の中枢を担う政治家となった。その後は日本の植民地支配と満洲経営を支え、大規模な帝都復興を構想し、晩年は日米ではなく日露中の連携を軸とする東アジアへの道を模索した。

紛れもなく彼は帝国主義者であったが、しかしその帝国のイメージは、その後の日本が実際に歩んだ道とは相当に異なるものだった。和子と俊輔、良行とこの後藤新平との距離は、要するに近代日本の「国家」と、その国家の中心近くで揺籃されながらも、そこから離脱し、国家を相対化する道たどった知識人たちが到達した地点との距離である。大祖父が担った帝国日本に対し、また彼の理想像から大きく逸脱しながら日米の決戦から癒着へと進んでいく現実の日本国家に対し、祐輔のナショナリズムははなはだ妥協的であり、和子のインター・ナショナリズムは変革的であり、俊輔のアンチ・ナショナリズムは反抗的であり、良行のトランス・ナショナリズムは越境的であったというのが、本書の基本的な視点である。

## 2. 鶴見祐輔とアメリカニズム

### 講演の名手・鶴見祐輔

鶴見家のなかで、俊輔も和子も、父祐輔のことを政治家、思想家として評価していたわけではない。俊輔とは異なり、和子は祐輔を

「最高の父」として最後まで敬愛したが、これは公人としての父への評価ではない。彼らの母の厳格さは息の詰まるようなものであったから、祐輔という融通無碍で、筋を通すよりも対話の演出を大切にするタイプの父がいなければ、俊輔は本当に自殺していたかもしれないし、和子の人生はもっと楽しみの少ないものになっていただろう。俊輔がいかに嫌悪しようとも、父として祐輔がいて、彼が身びいきして子どもたちを愛したから、鶴見家には「優しさ」が生まれ、子どもたちの人間的基盤も形成されたことは否定できないのではないか。しかし思想家として見たときには、祐輔の言説は、器用ではあってもどこか信念のようなものに欠けており、時代を越えて残るものとはいえそうもない。それにもかかわらず、祐輔はその思想的なある種の凡庸さゆえに、和子、俊輔、そして甥の良行がやがて祐輔よりもはるかに真摯に立ち向かっていくことになる問いの場所を、わかりやすい仕方で示してもいるのである。その問いの場所とは、すなわち「アメリカ」である。

晩年の後藤新平についての大著を別にすれば、鶴見祐輔の著書のほとんどは、米国ないしは日米関係についてのものである。しかも、祐輔が最も得意としていたのは、著作よりも彼の卓越したコミュニケーション能力が発揮される講演であった。実際、祐輔は米国でも講演の名手として知られ、実に多くの招待講演をこなしていた。1920年代から30年代にかけて、彼は米国で6回にわたり数ヵ月から時には1年以上に及ぶ長期の講演旅行をしており、その講演回数は500回以上を数えたという[17]。壇上に立つと、英語での弁舌力はとりわけ豊かであり、ユーモアを交えながら聴衆を自分の話のほうに引き込んでいく力があった。今日ですら、祐輔ほどにユー

17　上品和馬『広報外交の先駆者・鶴見祐輔』藤原書店、2011年、21頁

モアたっぷりに政治的イシューについて英語で講演できる日本人はどれほど存在しているだろうか。ましてや1920年代、祐輔の弁舌能力はきわめて貴重だった。

上品和馬によれば、祐輔の講演が、アメリカで最初に大成功を遂げたのは、1924年8月にマサチューセッツ州のウィリアムズ大学で開催された国際政治学協会においてであった。この催しは、大学教授、政治家、実業家、新聞記者らを集めて約1ヵ月にわたり開催されたもので、祐輔には4日間、計4回の講演が依頼された。祐輔は、この4回の連続講演をきわめて巧みに設計した。彼が心がけたのは、会場が2000名を収容する大ホールであるにもかかわらず、（なんと）マイク設備がなかったので、「とにかく聴衆が理解できるようにゆっくりと大きな声で話すこと」と、「思い切った露骨な発言をすることによって聴衆に衝撃を与え、翌朝の新聞に掲載されることを目標とすること、日本人ははっきりといいたいことをいわないというアメリカ人の固定観念を破るように主張すべきことを明確に主張すること」であった。

祐輔は、どうすれば取材に来ている新聞記者が自分の講演内容を翌日の新聞に記事として取り上げてくれるかを真剣に考え、「講演中に物議を醸すような二つの言葉を用いるという戦略」をとることにした。それは、「排日移民法成立を決定的なものとしたといわれていた、埴原正直書簡の『重大なる結果』という言葉と、その言葉をより明確かつ強烈に表現した『戦争』という言葉であった」。この作戦は見事的中し、祐輔の講演内容は翌日の新聞各紙に大々的に取り上げられ、第2回以降の講演は「満場の聴衆となっただけでなく、学会の開催中を通して、鶴見は、食堂でさえも大勢のアメリカ人から引っ張りだこの『流行児』となった」[18]。

上品は、祐輔の講演が1920年代の米国で広く受け入れられたのは、排日移民法を成立させてしまったことに対するアメリカ人自身の後ろめたさに訴えたからだけでなく、祐輔が聴衆への心理的効果を計算した戦略的な技法をいくつも駆使していたからだと論じている。その技法とは、たとえば衝撃を与えることで物議を醸し、できるだけ多数の人々に知らせることや、感謝を示すことで、聴衆との間に親和的、共感的な空気を生み出すこと、意外性のある話題を提供することで、聴衆の虚を突くこと、さらに当時の日米関係と排日移民法について、日本人の怒りの理由をはっきりと説明し、アメリカ人に後悔させ、他方でアメリカに日本の切望を伝え、さらには相手を脅迫し、また随所で笑わせていくことなど、講演のテクニックとしては非の打ちどころのないものであった[19]。

祐輔は、「講演というものは一ヵ所に集まった大衆が抱く興奮や感激を利用して、自分の意見を訴える手法であると考えた。大衆は、一ヵ所にぎっしり詰まっているというだけで、個人として個別にいる時とは違う心理状態になっていて、ある意味でそういう平常心を失った状態を利用して、講演者が呼びかける方法であり、それが雄弁の秘訣」だと考えていた[20]。当時、ちょうどル・ボンやタルドの群衆心理学に関する著作は次々に日本語に訳されており、世界的にみてもそうした理論が一世を風靡していた時代だった。これらの理論と祐輔の関係は明らかではないが、上品の指摘のように祐輔が自分の講演について考えていたとすると、こうした時代風潮が多少とも影響を与えていたのかもしれない。

18　上品和馬『広報外交の先駆者・鶴見祐輔』159 頁
19　同書、164-170 頁
20　同書、204 頁

### メディア社会でのパフォーマンス戦略

1920 年代は、群衆の時代であると共にメディアの時代でもあった。祐輔は大学アカデミズムにありがちな知識人と異なって、そうしたメディア状況にも柔軟に反応していた。たとえば彼は、同じ講演でも、「政治的な公開講演、学術的な会における講演、食後の短い講演というように分類しており、内容によって方法を使い分けた」。その一方で、「ラジオにおける演説については、講演と比べてまったく別物」と考え、「聴衆は家の中に座って聴いており、講演会におけるような大衆性や群集性というものがない冷静な聴き手であり、講演者が意気盛んに感情を高ぶらせて大演説をしても効果的でない」とした。一ヵ所に集まる「群衆」と、メディアによって媒介された「公衆」は異なるのであり、同時代に盛んに議論されていた「群衆／公衆」の非合理性／合理性を、祐輔はコミュニケーション形式の違いと関係づけて把握していたのである。しかも彼は、すでにふれた講演会の作戦のように、講演とラジオが区別されるばかりでなく、新聞の記事を、これらと連動するもう一つの媒体として重視もしていた。

講演、新聞、ラジオという三つの形式は、期待される人々の数によってもはっきりと区別される。講演は、通常は多くても 5000 人までの人々を相手にするのに対し、新聞は数百万人の読者を相手にすることがあり、ラジオは多ければ数千万人にまで聴衆が膨れ上がる。数だけからすれば講演は最も非効率的だが、「講演には講演者が直接に聴衆と向かい合って、時間と空間を共有し、講演者が魂の底から取り出して捧げようとする気迫を聴衆が受け取って、心身が焼かれるように感激するところにその衝撃がある」。だから、三つの異なるコミュニケーションのなかで講演を、祐輔は最も重視していたようだ[21]。

以上の鶴見祐輔の計算された戦略から見えてくるのは、「こいつは人間として、だめだな」という俊輔の発言から想像されるのとはだいぶ異なる人物の姿である。むしろ祐輔は、あまりに「有能」だった。彼は講演とラジオ、新聞の三つの回路を組み合わせて米国で活動するかたわら、日本で文筆活動も活発化させ、「小説、随筆、旅行記、伝記ほか約 80 種類もの著書を出版した。その発行部数は、総計で 250 万部にのぼった」。彼の日本での講演も巧妙で、その対象は、「銀行、大学、青年団体、鉄道関係団体、労働団体、商工会議所、出版関係団体となっており、聴衆の種類も、青少年、婦人、金融関係者、出版関係者と多様である。講演内容については、数演目にとどまらず、対象によってテーマを設定する」自在さがあった。

すでに彼は、米国で講演者としての名声を確立する前から、1921 年には日本各地で 200 回にも及ぶ講演をこなし、その欧米についての知見を披露しており、こうした経験のなかで講演者としての腕を磨いていったものと思われる。しかも彼は、「各講演内容を筆記させておき、後で書籍として出版するという方法で国内発信を行った」[22]。鶴見俊輔は祐輔が「一番病」に罹っていたというが、その一番病は、大学アカデミズムの権威主義に閉じこもるようなタイプのものではなく、新しいメディア環境に早々と適応し、テレビの討論会やニュースショー、クイズ番組にも気軽に出演し、月刊誌や新聞であらゆるタイプの議論を手際よくこなしていくようなメディア知識人の一番病であったとするべきだろう。

### アメリカの国民性と日米関係

その鶴見祐輔にとっての最大のテーマが、「アメリカ」ないしは

21　上品和馬『広報外交の先駆者・鶴見祐輔』204-206 頁
22　同書、136 頁

日米関係であった。祐輔のアメリカ観の骨格が最も明瞭に示されているのは、彼がまだウィリアムズ大学での作戦成功によって米国で講演者としての名声を確立する以前、新渡戸稲造に随行して米国を巡った経験を基礎にまとめた『米国の国民性と日米関係の将来』（岩波書店、1922年）であろう。このなかで祐輔は、アメリカ人の国民性をプラスとマイナスの両面に分けて列挙している。

一方で、彼がアメリカ人のプラスの国民性として挙げるのは、①楽天性、②熱情、③道徳的観念、④実際的性格、⑤親切と気前よさ、⑥誠実さである。楽天性は、独仏のように隣国と接し、相手との交渉を通してしか領土拡大を成し得ないのとは異なり、米国が西部に広大なフロンティアを抱えて思うままに領土を拡張し、さらには英国、メキシコ、スペイン、第一次大戦と過去の戦争において敗北の経験を持たない特異な歴史と関係がある。熱情は、良く言えば確信、悪く言えば盲信で、アメリカ人は、世界を「自分自身の内心から湧いて来る主観的思想の色眼鏡を通して眺める」態度を有する。この確信は、「デモクラシー」と呼ばれるが、ヨーロッパの醒めたデモクラシーに比べ、アメリカのデモクラシーは宗教的熱情に近い。

これが第三の道徳的観念とも結びついているのだが、一般の宗教的感情にみられるような「永遠と云ふこと、無窮と云ふこと、絶対と云ふことが今日の亜米利加人の心魂を支配している最大の力であると思ふことは出来ない」。むしろそうした宗教感情が世俗化し、「倫理的な、道徳的な情操」となっているところにアメリカン・マインドの特徴がある。さらに実際的性格のアメリカ人は、インド人やロシア人のように「深遠博大な理想を抱いてそれが現世に於いて実行出来やうとも実行出来まいとも無関心」ということはあり得ず、あくまで実行可能な理想に向けて行動する。最後の親切や気前よさ、誠実さは、「深き根本的な性格にあらずして寧ろ或る根本的な性格の表現に過ぎない」が、アメリカ人の顕著な特徴である[23]。

他方、アメリカ人のマイナスの国民性として祐輔が挙げるのは、①旺盛な財産欲、②国家意識の欠如、③粗暴さ、④無反省、⑤おせっかいといった点である。まず、アメリカ人の財産欲だが、「個人主義と財産権の神聖との上に打建てられた社会生活であるが故に、亜米利加人の人生の目的が、物の獲得に趣向して来た」と、祐輔は言う。加えてアメリカ社会は、物欲以外の欲望を、相対的に抑制してきた。フランスなどでは許容される男女関係の乱れにもアメリカ社会は厳格だし、王も貴族もいないので社会的権威として獲得できるものは少ない。さらに飲酒も制限されているから、人々の欲望は財産の獲得に集中していく。第二に、アメリカ人は「個人主義を根本として国を建て、自由主義を根本として国権の干渉を排除した」。そのため「日本人ならば無意識に国家といふことを考へるに反し、彼等はそれを考へる習慣がない」。

さらに祐輔は、アメリカ人は粗暴で、彼らには「まだ子供のやうに文明化せられてゐない所」があるという。個人主義と自由競争を信奉するあまり、アメリカ人には「門外一歩にして兇敵野に満ちた当時の烈しい闘争気分」を残している。米国では「財産獲得欲が自由自在である為に、此の欲に反対する者は如何なる者をも鎮圧せむとする乱暴な心持ち」があり、そうした乱暴さは労働組合の弾圧や黒人の虐待に示されている。第四に、祐輔によれば、「瞑想が足りない為に亜米利加人は無反省になり、自分自身を姿見鏡に映して、客観的に批評するといふことが彼等には出来ない」。アメリカ人はじっくり腰を据えて問題に取り組むことが苦手で、「大体の材料を以て大急ぎに結論を下す癖」がある。

---

23　鶴見祐輔『米国の国民性と日米関係の将来』岩波書店、1922年、47-78頁

それだけではない。祐輔は、アメリカ人には「善意のおせっかい」という著しい特色もあるという。彼らは「自分達が善いと思ふことは、何でも人に押しつけるやうな所がある」。たとえば、「デモクラシーが善いと勝手に極めて、之を各国の人に無理強ひに押しつけやうとする」。それぞれの国の事情を配慮せず、頭ごなしにアメリカ流の正義を押しつけられるのは迷惑千万だが、実は「是は皆善意から来て居る」。祐輔によれば、アメリカ人の「おせっかい」は、その熱情や道徳的観念、親切さと気前よさといった国民性に由来する世話好きで、考えたことは実行せずにはいられない彼らの事業癖の一部なのである[24]。

こうした観察を踏まえ、祐輔は日米問題が今日、米国にとって以上に日本にとって大問題であることを強調する。彼は、「日米衝突の可能性は絶無であると見ない」、つまり日本がアメリカを見誤ると、戦争に突入する可能性があると警告した。彼の観察では、「日米の国交は日に益々悪くなりつつある。険悪なる黒雲は到る処に巻舒して居る」。「世界の中心の移動は常に世界戦争の原因であった」とする祐輔は、今日、「世界の経済中心は暗黙の間に太平洋に移りつつ」あるという。アメリカ西部諸州の発展と日本の勃興、中国の覚醒とシベリアの天然資源は、世界資本主義の眼を太平洋に向けさせつつある。ここにおいて米国と日本は太平洋を挟んで向き合う関係にあり、友好は一瞬で敵対に転化するかもしれない[25]。

祐輔はアメリカ人の個人主義と日本人の団体主義、アメリカ人の具体思考と日本人の抽象思考、大陸のアメリカと島国の日本、民主主義国アメリカと君主国日本を対比しながら、両国には類似性よりも相違のほうが大きいことを強調する。太平洋における利害が衝突

24　鶴見祐輔『米国の国民性と日米関係の将来』79-98 頁
25　同書、148-154 頁

し、お互いの国民性の違いに由来するコミュニケーション・ギャップも大きいとすると、日米関係の未来には危機が横たわっている。

そうした危機を回避するには、米国がその国民性のマイナス面を反省するだけでなく、「日本国民が世界の大国たる今日の地位に省みて更に一大反省を為さむこと」が必須である。米国が「既に二世紀以前に於て其の民衆を解放して居る」のに対し、日本は維新から「五十年の今日となって見れば吾々は矢張り永い因襲と歴史から脱却できてゐない」。祐輔はここで、米国が自らを反省し、日本が自らを反省し、その先にある種のグローバリズムを提案する。彼が期待するのは、両国が「世界的に考える」、つまり「国と国との間の関係として考えるよりも更に一歩進んで吾々は世界同胞であるといふ、即ち人間らしき人類本然の思想」に立つことである。つまり私たちは、「亜米利加といひ、日本といふ観念から脱却して、人類文化建設の思想に根ざした国交」を始めなければならないというのが、当時の鶴見祐輔の結論であった[26]。

### 参照枠としての「アメリカ」

鶴見祐輔のこうしたアメリカ論は、第一次大戦後の日本の論壇における流行の一部でもあった。大戦前までの日本では、一方に知識人たちの政治的モデルとして「自由」と「民主主義」のアメリカというイメージがあり、他方でもっとバタ臭い大衆娯楽の世界のなかでアメリカ大衆文化の流入があった。しかし 1920 年代以降、「アメリカ」はもっと日常的に広く浸透するイメージの源泉となっていく。この頃からハリウッド映画やジャズ、広告、野球から様々な大衆消費財に至るまで、アメリカ的生活様式は、東京や大阪といった

26　鶴見祐輔『米国の国民性と日米関係の将来』167-169 頁

大都市の中産階級を魅了していくのである。こうして20年代以降、「異国」としてのアメリカではなしに、むしろ「われわれ自身の一部」としてのアメリカが、論壇でも一斉に論じられる格好のテーマとなっていた。祐輔は、このような流れの先陣を切った代表的な知識人の一人であった。彼は前掲の日米国民性論をはじめとして、1920年代から30年代にかけて、『北米遊説記』(大日本雄弁会、1927年)、『太平洋時代と新自由主義外交の基調』(新自由主義協会、1929年)、『自由人の旅日記』(日本評論社、1930年)、『現代米国論』(日本評論社、1931年)、『欧米大陸遊記』(大日本雄弁会講談社、1933年)、など、アメリカに関連する著作を出版している。

やがて、1929年に出版された『アメリカ』(先進社)で室伏高信は、今や「アメリカ的でない日本がどこにあるか。アメリカを離れて日本が存在するか。アメリカ的でない生活がわれわれのどこに残っているか。私は断言する。アメリカが世界であるばかりではない。今日は日本もまたアメリカのほか何でもなかった」と語るに至る。室伏によれば、アメリカは今日、その文明をドイツやフランスにも、共産主義のロシアにも世界中に輸出している。つまり、「世界は今やアメリカ文明の時代に入ったのだ。アメリカのドルが世界を支配しているばかりでない。アメリカ文明――ドルから出発したアメリカ文明、しかりダラー・シビライゼーションが世界を支配する」[27]。これはかなり乱暴な文化帝国主義論だが、この種の議論がすでに昭和初期から盛んに語られていたことは注目に値する。

室伏だけではない。この頃になると「アメリカ」は、実に様々な分野の論者が取り上げるテーマとなっていた。たとえば新居格は、やはり29年、今や世界が「国々の色と匂いと響きが国際的溶解を

27　室伏高信『アメリカ』先進社、1929年、4頁

迅速にする世紀」に入り、アメリカニズムが「カクテル時代」の世界を席巻していると述べた。日本でも、ジャズが若い世代の心を捉え、ハリウッド映画が際限なく流入し、髪形から化粧、服装に至るまで、若者たちは映画の世界を模倣している。アメリカ風のビルに通勤し、日曜の昼間は野球見物かドライブをし、夜はダンスホールでジャズを踊るか映画館で時をすごすのが、これからの時代の都会的な生活様式である[28]。

同じ頃、大宅壮一は、アメリカ化が政治の中心の東京よりも経済の中心たる大阪で進んでいると主張した。彼は、大阪は「日本のアメリカ」だと言う。明治以来、日本の文明開化は東京のエリートに主導されてきたが、そうして普及した「文明」の多くは西欧の模倣であった。大学から芸術に至るまで、東京のモデルはあくまで欧州である。当時、「アメリカはアングロ・サクソン系の植民地であり、ロシアはアジアにまたがる半未開国であり、それらは日本と同程度の、もしくはそれ以下の文化的水準の上に立っている国々」と見なされていた。ところが第一次世界大戦の勃発は、このような世界認識を一変させる。この変動のなかから現代文化の二つの型として浮上してきたのがロシアとアメリカであった。なかでもアメリカは、「計るべからざる資力と、映画その他の宣伝的威力によって、まず戦争のためにはなはだしく疲弊せる文化的祖国ヨーロッパを風靡し、さらに東洋諸国を、全世界を征服しつつある」。

大宅は、このような大戦後のヨーロッパに大震災後の東京をなぞらえていく。そして、抬頭するアメリカに対応するのが大阪である。大宅によれば、東京文化は西欧の模倣によって発達したのだから、その原型が精彩を失っていくとき、模写も衰微する運命にある。こ

28　新居格「アメリカニズムとルシアニズムの交流」『中央公論』1929 年 6 月、59-66 頁

れに代わって日本を征服しつつあるのは大阪であり、大阪で繁栄している生活中心のアメリカ文化である[29]。

1920年代から30年代にかけて、日本の雑誌ジャーナリズムのなかで室伏や大宅と同様のアメリカニズム言説を見つけるのは容易である。「ベストセラー作家」であった祐輔もまた同じ時代の気分のなかにいたと考えられる。しかし祐輔の場合、日本国内のアメリカニズムというよりも、米国本体のアメリカニズムを知悉していることが、最大のセールスポイントであった。そして、その祐輔にとって、「アメリカ」は、単なる文化や流行の源という以上に、現代世界の力の源泉、日本がいずれそれに依存していかざるをえなくなるほど強大な力の中心であった。たとえば祐輔は、最初の渡米以来、十数年間にわたり、「日本にとって一番重大なる相手国は亜米利加である。将来の世界を支配する勢力は亜米利加大陸から起って来ると云ふことである。さうして此亜米利加国民の中に日本人の思想を叩き込まなければ、日本の国は本当に立っていけない」と考え続けてきたという[30]。この場合、「日本人の思想を叩き込む」とは、つまり「深く取り入る」ということであろう。

日米の同盟関係を軸にこの国の将来を考えるという、まさに戦後に体制化する親米ナショナリズムが、そのずっと前からの祐輔の基本路線であった。祐輔はこの自分の考えを一貫させることなく、無節操にファシズムに迎合していくが、対米戦争の最中ですら自分の英語の発音を矯正することに余念がなかったというから、(日本は敗戦して)いずれはアメリカ中心の世界になることは、最初から彼にとっては想定の範囲内のことだったはずだ。

29 大宅壮一「大阪は日本の米国だ」「大阪文化の日本征服」『大宅壮一全集』第2巻、蒼洋社、1981年、146-148頁

30 鶴見祐輔「単身米国を遊説して」『雄弁』大日本雄弁会講談社、1926年2月、56頁、引用は、上品和馬『広報外交の先駆者　鶴見祐輔　1885-1973』31頁より

## キリスト教的アメリカニズムの背景

鶴見祐輔の言説は、1920 年代の日本で流行する大衆的アメリカニズムの一翼を担うと同時に、それに先行するキリスト教的アメリカニズムとも深く結びついていた。当時、この後者のキリスト教的アメリカニズムを代表していたのが、祐輔の師で、彼が圧倒的な影響を受けていた新渡戸稲造である。もともと明治初期の日本において、「アメリカ」がより深い観念として受容されていったのは、キリスト教宣教師や教師の活動を通じてであった。幕末から明治初頭にかけて日本に来た宣教師の多くはアメリカ人であり、また大学南校で教頭を務めたフルベッキ、熊本洋学校のジェーンズ、札幌農学校のクラーク、さらには横浜のブラウン塾やヘボン塾（明治学院)、ヘボン塾に間借りしたギダー女史の女学校（フェリス女学院）などから新島襄の同志社まで、アメリカのキリスト教は明治の教育界へ多大な影響を与えた。実際、宗教的アメリカニズムの影響は、幕末に米国のキリスト教コミューンで生活し、やがて明治国家の教育体制の基礎を築いた森有礼から、札幌農学校でキリスト教に入信し、やがて渡米していく内村鑑三、新渡戸稲造、さらには戦後の東京大学の骨格を形づくっていくことになる南原繁や矢内原忠雄などまで、近代日本の実に多くの教育者がキリスト教の感化を受けていた。

このうち新渡戸稲造が最初にアメリカに渡るのは 1884 年のことであり、その理由の一端は、東京大学の教育に失望したからでもあったとされるが、渡米後の彼が在籍したのは、革新的な大学院制度の創設によって一躍全米の大学改革をリードする存在となっていたジョンズ・ホプキンス大学であった。同大学の大学改革がアメリカの高等教育史にとっていかに革新的であったかについては拙著『大学とは何か』（岩波新書　2011 年）ですでに論じたので繰り返さない。1870 年代に実施されたこの改革により、80 年代には同大学は全米の博士や修士の学位授与を質保証された形でシステマティックに実現する最先端の拠点となりつつあった。ちなみに新渡戸が在籍した84年から87年までの時期、同大学には後に米大統領となるウッドロー・ウィルソンも在籍しており、86年に博士学位を取得している。新渡戸はここで経済学、行政学、国際法、歴史学などを学んだのだが、同時にクエーカー主義のキリスト教にも深く傾倒していく。そしてこのクエーカー主義が、後の新渡戸の国際平和主義の思想的基盤となる。

その一方で、新渡戸のキリスト教（クエーカー主義）と武士道精神（サムライ主義）は、両者のプロテスタンティズム的禁欲性において相通じるところがあり、マックス・ウェーバーを引き合いに出すまでもなく、このキリスト教と武士道の結合は、近代天皇制国家の発展を支える重要なイデオロギー的支柱となっていく。

そしてこの結合は、新渡戸や鶴見祐輔のアメリカニズムを、天皇制や国家主義、あるいは昭和のファシズムに対して抵抗力の弱いものにした。新渡戸の熱心な女子教育への関心や女性に対する敬意は知られており、同じように祐輔も、私的領域では家父長主義的な意識から自由でありたいと願っていた。しかし、彼らの民主主義への相対的な親和性は、そのキリスト教的アメリカニズムが武士道＝サムライ主義的ナショナリズムと一体であることにより、最終的には天皇制的秩序を正当化する論理として機能した。そしてこれは、新渡戸のみならず近代日本の多くのキリスト教系の教育者たちに通底する傾向であった。鶴見俊輔が非難してやまない祐輔の国家に対する「弱さ」は、祐輔のパーソナリティに由来する部分もあったであろうが、同時に彼の師・新渡戸稲造の国際平和主義の背景をなしたキリスト教が、そもそも国民国家構築の論理と結託したものであったこととも関係していたのではないだろうか。

## 3. 和子における主体の変革

### 二重写しとなる「殻」と「芯」

さて、話を祐輔から娘和子に移すことにしよう。鶴見和子は、自分と弟との仕事の質の違いについてきわめて正確に洞察していた。彼女は後年、「おなじ母のもとで育てられながら、俊輔は死ぬ思いを何度か経験し、人間の罪と暗黒とをくぐりぬけてきた、『生まれ変った人』(twice-born) なのである。これに対して、わたしは、死も暗黒もくぐりぬけることのなかった、『生まれた儘の人』(once-born) である。そのことが、俊輔の仕事をより深く、寛く、そしてすじの通ったものにしている」と語った[31]。このように弟の仕事の本質を明晰かつ率直に言い当てる和子が、素晴らしき姉であり、卓越した人格者であることは疑いようもない。

しかしこの発言は、俊輔の仕事の質を正確に見抜いていると同時に、和子のほうのある一貫した希求もまた示しているようにも読める。俊輔は、その母親とのかなり特別の関係から、否応なく「生まれ変った人」にならなければならなかった。それは俊輔にとって一貫した反抗の実践であり、反抗がある臨界面を突き抜けたときに、思想家・鶴見俊輔が誕生した。これに対して和子の場合、彼女が「生まれ変った人」になるためには、自らを意識的にそうした方向へと向かわせる必要があった。そして和子は、そのような努力を、ここで論じる 1950 年代以来、弛むことなく自らに課し続けたのではないか。見田宗介の言葉を借りるなら、和子を貫くのは「旺盛な情熱と強靭な意志の体力を源泉とした明徹な知」である[32]。そのような明徹さをもって、和子は一生、「生まれ変わろうとし続けた人」であったように思われる。

31　鶴見和子「おなじ母のもとで」『鶴見和子曼荼羅』第Ⅶ巻、89 頁
32　見田宗介「解説 知の泉」『鶴見和子曼荼羅』第Ⅲ巻、593 頁

鶴見和子は1939年にアメリカに留学し、ヴァッサー大学で修士課程を終えた後、コロンビア大学博士課程に進んだが、開戦により俊輔と共に日米交換船で帰国した。戦後、再び62年になってプリンストン大学に留学し、社会変動と個人についての社会学博士論文をまとめている。したがって、和子の知もまた「アメリカ産」であり、そのことを和子は何度も公言している。自分は「日本で大学教育を受けたこと」はなく、頭には「アメリカ哲学が詰まっている」。社会学を学んでいく際も、その「理解には、つねにアメリカ哲学の土台があった」。日本に帰国後、和子は柳田國男や南方熊楠の思想を探究していくが、その際にも「アメリカ哲学との対比を絶えずしていた」。ここで言われている「アメリカ哲学」とは、俊輔と同じくプラグマティズムのことであり、和子の柳田や南方に対する関心は、プラグマティズムとの関係において育まれたのである。

とはいえ、和子の渡米は、良行や俊輔のように自我形成期になされたのではなく、すでに自我がある程度確立してからのことであったから、「アメリカ」の影は、弟や従弟ほどに根幹をなすものではないともいえる。「アメリカ」は和子にとって、何よりもその知的基盤であり、人生において命がけで対決すべき相手とはなっていないかのようにもみえる。

しかし、鶴見和子がその最初の単著『パール・バック』を書いたのは、自分自身のなかにある「アメリカ」について、何らかの決着をつけようとしてのことであったことを忘れるべきではない。そうした意味で、鶴見和子にとっての「アメリカ」を、俊輔や良行、祐輔との対比で考えてみることは、本書にとっても有益な糸口となるはずなのだ。というのも、和子は1953年に出版した『パール・バック』に、なぜ自分がこのような本を書くことになったのかを説明する長めの序文を付している。そこで彼女が語っているのは、二つの恐怖経験の相似性についてである。一方は、彼女がアメリカに留学してしばらく経った頃、大学院のゼミナールで「天皇制の社会心理的基礎」と題する論文を書いたときのことである。論文を書き上げて寝ていると、夜中に巡査が棍棒を持って彼女を追いかけてくる夢を見た。「いっしょうけんめいに逃げようとして、目がさめたら、汗をぐっしょりかいていた。アメリカの大学まで、日本の官憲がおっかけてくるはずはないのだが、『天皇制』とそれにつきまとう『不敬罪』というものは、それほどまでに、タブーとして意識の下にしみこんでいた」と、和子は述懐する。

そしてもう一方は、彼女が戦後、軽井沢の山小屋で原稿の執筆に専心していたとき、夜、寝ていると真っ暗闇のなかから米兵を思わせる「大きな男」が、ガラス戸の向こうからぬうっと出てくる気配に取りつかれ始めたことであった。「大きな男＝米兵」は、たとえ山小屋の彼女を殺したとしても、平然と「大きな国＝アメリカ」に引き揚げていくであろう。一方の「天皇制」の恐怖と、他方の「占領」の恐怖――この二つは、和子のなかで「ふしぎにぼやけた二重うつしの映像となって、わたし自身の、どこか深いところにあるアイマイさを、うつし出したように思った。そのとき、わたしは、自分自身の中にあった、そして現在ある『日本人』と、かつてわたしの外から入ってきて、そして現在わたしの中にある『アメリカ人』が、わたし自身の中で、ちょうどこの二重うつしの幻像のように、アイマイに重なりあっているのだ、ということに気づいた」[33]。

つまり、ここには相互に結びついた二つの他者と、二つのわたしが存在する。一方の他者は、天皇制の「日本」であり、他方の他者は占領する「アメリカ」である。そして和子のアイマイな幻影のな

---

33　鶴見和子「パール・バック」『鶴見和子曼荼羅』第Ⅰ巻、基巻、藤原書店、1997年、136頁

かで、この一方の他者を恐怖する「日本人」のわたしがおり、他方の他者を恐怖する「アメリカ人」のわたしがいた。

鶴見和子がまどろみのなかで見た幻影が問いかけるのは、この二つの他者のねじれた関係である。一方で和子にとって、アメリカ留学は「この自分自身のひふにへばりつき、はらわたにつきささっている天皇制への恐怖とのたたかいであったといっても、決していいすぎではない。『アメリカ』は、わたしが、日本人のからである天皇制をつき破る力として、わたしの中に入ってきた。そして、日本人のからをつき破って、普遍的な人間に到達するてがかりとして、わたしの中にのこった」[34]。ところが戦後、「アメリカ」は、巡査の棍棒など比べものにならない「巨大な武器」を持って私たちの上にのしかかるようになった。「アメリカ」は、もはや「日本」の抑圧からの解放の場ではあり得ないし、そうした抑圧を突き破る力を与えない。いまや「アメリカ」は、「日本」の殻に覆いかぶさり、その日米抱擁のなかでさらに厚い殻を形成しつつある。そうだとすると、わたしはいったいこの二重化した殻をいかにして突き破っていくことができるのだろうか。「アメリカ」の支配を払いのけるのに、私たちは今更ながらに「天皇制＝ナショナリズム」を盾にして抵抗することはできないことは明白である。

和子はこの問いに答えるために、「殻」に対する「芯」というメタファーを案出している。彼女が「からとよぶのは、一つの国民の中で、支配するものが、おなじ国民の中のその他の大ぜいのひとびとを、支配するのに都合のいいようにこしらえたカチの体系――それは、ひとびとの感情、思想、行動を左右するだけでなく、ひふの感覚さえもまひさせてしまう――である。そして、芯というのは、

34　鶴見和子「パール・バック」『鶴見和子曼荼羅』第Ⅰ巻、137 頁

支配されるものの中に、いまはからにおおわれてみえないけれど、いつかはからをつきやぶる可能性として存在するエネルギーの核心」である[35]。アメリカによる日本占領は、この「殻」と「芯」の関係を二重化した。「日本」の殻と「アメリカ」の殻は、戦後的な体制のなかで癒着し、わたしたちの日常意識を取り囲んでいる。それでは「日本」の芯と「アメリカ」の芯は、この二重化された体制のなかで、「殻」とは別の仕方で結びつくことができるのだろうか。殻が何重にも重ね合わされていく世界で、「わたしたちが、わたしたちの中の日本人とアメリカを、日本人の場において、統一する」ことは可能なのだろうか。

**生まれた儘の人　生まれ変った人**

鶴見和子がパール・バックに注目したのは、まさにこの点においてであった。幼い頃から中国社会のなかで育ったアメリカ人であるパール・バックは、「自己の中に、二つの文明を同時に生きるということのイミを、生涯かけて追求」した。彼女は、「自分がアメリカ人であるという場において、自分の中のアメリカと、自分の中の中国とを、統一しようとした」。彼女は中国という異質な社会を生きたことで、アメリカ人の殻と芯に自覚的であり得た。この場合、殻とは人種的偏見であり、芯とは独立と開拓の精神であった。さらに彼女は、自らのアメリカ人の芯を通して、「中国人の芯――自国および諸外国の圧迫にたいするいきどおりと、それをはねのけようとするエネルギー――を感じとった」。そしてこの経験は、彼女がやがて帰米し、そこに根を下ろして生き始めるとき、そのアメリカ社会の内部にも殻が幾重にも存在することを気づかせていった。彼

35　鶴見和子「パール・バック」『鶴見和子曼荼羅』第Ⅰ巻、140頁

女は、「アメリカ人のからの外にでることにより、中国人の芯にふれ、自己の中のアメリカ人の芯を、いっそう丈夫なものとしてきたえあげることによって、ふたたび、自己の中に、なお執拗にのこっているアメリカ人のからを掘りあてた」のである[36]。

鶴見和子がパール・バックを手がかりに見つけようとしたのは、ちょうどこうした軌跡の裏をなす、もう一つの軌跡の可能性である。つまり日本人の殻の外に出ることにより、アメリカ人の芯にふれ、そのことによって自らの芯をたくましくし、執拗に残る日本の殻と、さらにそこに覆いかぶさってきたアメリカの殻の正体を、はっきりと言い当ててこれを突き破っていく可能性。和子のバック論は、そのような可能性への道しるべを探す旅の記録である。

和子は、バックの人生と彼女が残したテクストの両面からそうした可能性を模索していくのだが、そのうちにバックが描く主体の在り方にある限界を見出してしまう。1927 年の中国国民党北伐軍の南京占領の際、バックはその後の彼女の生涯を決定することになる出来事に遭遇している。このとき、北伐軍により多くの外国人が殺され、英米の軍艦は南京を砲撃した。バック一家は、中国語を完璧に話したし、多くの中国人の友人を持っていたが、難を逃れるために知り合いの中国人の小屋の片隅で 48 時間もの間、身じろぎもしないで身を潜めているしかなかった。

この経験はバックに、個人の力では乗り越えられない国家や民族の壁が存在することを思い知らせた。帝国主義的支配を継続する側に立つのか、それともこれに抵抗する側に立つのか、答えは二者択一しかないように思われた。後者に立つには、バックはこれまでの彼女の特権のすべてを捨てなければならない。前者に立つ限り、中

36　鶴見和子「パール・バック」『鶴見和子曼荼羅』第 I 巻、140-143 頁

国人との壁が決定的に乗り越えられることはないように思われた。結果として、「バックは、自己の属する集団からうけるあらゆる特権と恩恵をすてて、他の集団にとびこむ、という道はとらなかった。しかし、やはり、しいたげられた集団と、つながりたい、という、願望はすてることができない」。そこでバックは、「特権的集団の中にとどまって、特権的集団を内部から批判し、つきくずすテコとして、特権をもたない集団への尊敬と共感を役だたせよう、と考えた。それは、自己の中にある支配者としての『アメリカ人』を、えぐりだし、つき破ってゆこうとする努力である」[37]。

この努力は、パール・バックの文学的想像の根幹をなしていくが、いかに努力を重ねたところで、彼女が特権を持たない中国人、あるいはマイノリティの世界に完全にとけこめるわけではない。バックはこのことを十分に知っており、だからこそ「1927 年にかの女が肉体をもって感じとった『裂け目』の感覚、自分の足の下で、地割れがする感覚を、ぬけることはできない」。そして、まさにそうであるが故に、バックの作品には、常に何らかのかたちでこの「裂け目」が現われ、基層のテーマとして流れ続けることになる。

鶴見和子は、パール・バックの作品に通底するこの「裂け目」を、中国人とアメリカ人、あるいはアメリカ人と日本人といった異なる民族の間を行き来する異邦人とそれぞれの国の大衆の間の裂け目の問題としてより構造的に分析する。それによれば、「二元的文化コンプレックスをもつ『異邦人』は、自分たちの国の国民がかぶっているからをつきぬけたと思っているけれど、かれらには芯がない。自分の感情や思想や行動について、リクツはわかっていても、推進力がない。自信がない。だから、いつもあせっているし、心の中は

37　鶴見和子「パール・バック」『鶴見和子曼荼羅』第 I 巻、167-168 頁

空虚だ。大衆は、芯をもっているが、その芯は、多くの場合、かたいからにおおわれている。からをつき破った『異邦人』が大衆とつながることは、国民としての芯を奪回することだ。そして大衆がかれをうけいれることは、かれら自身のからをつきやぶることだ」[38]。

こうしてバックの文学では、越境する知識人と大衆の芯が連帯していく可能性が示されるのだが、それは本当にバックの考えるような仕方で可能なことなのだろうか。——和子が疑問を呈するのはまさにこの点である。

和子は、魯迅や同時代の中国人作家たちとバックの主人公を比較した結果、中国人作家たちの描く主人公には、「人間の発展における、はっきりした過去との断絶があり、敵と味方の妥協を許さない対決がある。それは、『転身』とか『生れかわり』というコトバによって、もっとも集約的にあらわされることのできる、人間像である。これに対して、バックの描く中国人は、棚の上にのっかって、自分の前にひらけているらしいいくつかのわかれ道の、どれをえらんだらいいか、いつも思案している人間である」と、厳しい結論を導き出している[39]。

具体的な分析でも、彼女は、「バックの描いた抗日戦下の中国の民衆のいずれもが、すべて、漠然と過去の生活につながり、どんな奇想天外な飛躍をしても、いつでも過去の生活——家——を基地として、とびたってはまたもどってくる。したがってそこには、人間の行動とカチにおける過去との断絶がない。逆もどり可能的人間だ。このことは、前項でのべたように、かの女の描く人間に、『絶望がない』ということに、つながっている。絶望がないから、転身もない」[40]と容赦ない。和子はこの違いについて、バックの主人公は「『生

38　鶴見和子「パール・バック」『鶴見和子曼荼羅』第Ⅰ巻、187頁
39　同書、239頁

まれたままの人間』として、人間がその一生において、全人間的なカチ転換を行うことなしに、人間の自由と平等へのたたかいに、参加できると信じ、またそのように努力」するのに対し、中国の作家たちの主人公は「人間の一生において、どこかで、自分を自分でてっていてきにつくりかえるのでなければ、人間の自由と平等のためにたたかうことはできないことをしった人間」であるとする[41]。そして、後者のような人間を「生まれ変った人」と呼び、「生まれた儘の人」である前者と対比させている。

パール・バックの主人公たちのこうした限界が、バック自身の限界でもあったことは、これまでの論述から容易に察せられる。すなわち、バックは「すぐれた善意と正直と勇気をもって、支配するものとされるもののあいだに存在する裂け目を埋めようとした。しかしかの女は、かの女自身が的確に自覚しているように、特権の側にたって、特権をもたないものに、共感と同情と支持を与える立場を、すてなかった。それは、特権の側にたつ限りにおいて、可能なかぎりの、ギリギリの抵抗線」であった。

しかし、ここまでの分析から見えてくる最も重要なポイントは、このようにバックを批判するとき、この批判をしている和子自身が、自分をパール・バックと同じ位置にいる者として捉えている点である。すでに示してきたように、後藤新平の愛孫、鶴見祐輔の長女であった和子は、バック以上に特権と恩恵に浴してきた者である。彼女がバック論を書いた 1950 年代初頭は、朝鮮戦争の時代であり、東西冷戦が最も先鋭化しつつあった。和子が最初に留学したヴァッサー大学は、人民戦線につながる学生運動が盛んであった大学であり、その時代から彼女は共産主義の感化を受け、戦後は共産党に所

40　鶴見和子「パール・バック」『鶴見和子曼荼羅』第 I 巻、218 頁
41　同書、290-291 頁

属していた。つまり、バックが中国人とアメリカ人の間で、解決困難な「裂け目」を抱え込んでいたのと同じように、鶴見和子も自らの特権階級としての出自と共産党員としての活動の間、また帝国であったと同時に植民地にもなりつつあった日本と自分の学問の基盤であるアメリカとの間に、深刻な「裂け目」を抱え込んでいたのだ。この和子が抱え込んでいた「裂け目」は、バックに勝るとも劣らないほど深刻であり、「ギリギリの抵抗線」の内側にとどまるのか、それとも一線を越えて「生まれ変った人」人になるのかは、バック以上に和子自身の問題だった。

**生活記録を通じて誰が語るのか**

以上の文脈を踏まえるならば、1950 年代を通じ、鶴見和子がなぜあれほどまでの熱意をもって、無着成恭らの生活綴方運動の影響を受けながら工場の女性労働者や主婦たちの生活記録運動に深く関与していったのかの理由も明らかであるように思われる。和子がこの生活記録運動と出会うのは、1952 年 8 月、岐阜県中津川で開催された第 1 回作文教育全国協議会に招かれて講演したときのことであった。当時、決して便利とはいえない開催地に、全国から千数百人もの学校教師や労働者、知識人が集まったのは、前年に出版された無着の『山びこ学校』がベストセラーとなるなかで、作文や生活記録によって自分たちを表現し、子どもたちに自己表現させていこうという動きが爆発的な広がりをみせていたことを反映していた。和子はそこで、無着だけでなく、三重県四日市の東亜紡績工場で生活記録を書き始めていたグループにも出会い、彼女たちの活動に深く関係していくことになる。やがて「生活を記録する会」と名乗っていくこのグループに刺激されて、和子は自ら、東京でも紡績工場や他の職場で働く娘や主婦たちと戦争体験や敗戦後の暮らしについて記録していくグループを組織していった。これらのグループで書かれた生活記録の多くは出版され、多くの読者を得てもいった。

和子のこうした実践は、まず何よりも工場や家庭で働く女性たちが自らの言葉を獲得していく文化政治として把握されていた。終戦直後、「『婦人解放』とか、『男女平等』のいさましいかけごえ、婦人の職場へのめざましい進出、そして労働組合でのかの女たちの組織や活動」が展開するが、それから数年を経ると、社会構造の深い部分までをこの流れが変えていくには至らず、「職場の婦人にとっても、家庭の主婦にとっても『婦人解放』のかけごえが、どこか肝心なところでぬかりがあったということに気がつき始めた」。

その「てぬかり」は、「かの女たちをとりまく社会の中にもあったし、またかの女たち自身の主体的な側にもあった」と和子は指摘した[42]。「かの女たちをとりまく社会の中」のてぬかりとは、ジェンダー差別のさまざまな制度的構造だが、「彼女たち自身の主体的な側」のてぬかりとは、主として言葉とハビトゥスの問題、女性たちが日常的慣習のなかで獲得してきた身体にかかわる問題であった。この女性たちが、日常的実践のなかで自身の言葉を獲得していくことはいかに可能か。この問いへの和子なりの答えが、生活綴方のいわば女性運動版としての生活記録運動であった。

和子は生活記録が、いくつかの点でこれまでの文学的実践とは大きく異なると考えていた。第一に、生活記録において「書くということは、よりよく生きるために工夫する努力の、完全な一部」である。つまり、生活記録を「書く」ことは、生活の外にある余暇活動ではなく、まさに生活の一部をなす実践と理解される。第二に、生活記録は「独立した個人のひとりごとやためいきではなくて、心の

42　鶴見和子「生活記録以前」『鶴見和子曼荼羅』第Ⅱ巻、人の巻、藤原書店、1998 年、310-311 頁

つながりをもちあったひとびとが、互いに、生き方のノートをくらべあい、遠慮なくたたきあい、また自分の苦しみやよろこびが、他人の苦しみやよろこびにつながっていることを感じさせ、知らせあう集団的事業」である。第三に、生活記録では「書くということが、自分自身および自分の生活にはねかえるもの」になる、つまり「書くということが、自分自身を明確にし、さらに、自分自身および自分をとりまく人間関係をつくりかえてゆくきっかけ」になる[43]。これらはそれぞれ、いわば生活記録という実践の日常性、集団性、反省性ということができるが、だからといって生活記録はその根底において文学的実践と無関係なわけでもない。

最も重要なことは、この生活記録運動への和子の深い関与が、たんに女性労働者や主婦たちが言葉を獲得していく運動という仕方ではなく、むしろ和子その人が、自身の「知識人」の殻を内破して、村や町の女性たちと共通の言葉の地平を見出していく実践として、つまり彼女自身の「生まれ変わり」の実践として明確に認識されていたことである。

和子は自分が生活記録運動に深くかかわるようになった理由の一つとして、占領期からさまざまな職場をまわって働く婦人たちの生活意識の実態調査をしていた頃の経験を振り返る。「たかだか四、五日か一週間ほど、たとえば紡績工場にいって、現場や寄宿舎の状態をみたり、そこで働く娘さんたちにあらかじめ用意してきた質問をして、統計をとってまとめた結果には、あまりにも網の目をもれることが多かった」と和子は述べる。知識人＝社会調査主体が、調査対象に質問するという仕方では、「わたし自身の物さしを、他人におしつけ、その物さしからはみ出すものは、とり逃すことになり

43　鶴見和子「主婦と娘の生活記録」『鶴見和子曼荼羅』第Ⅱ巻、329-331 頁

ます。しかも、わたしの物さしからはみ出すところに、ほんとうに大切なものがある」ことは、調査を真剣にすればするほど明らかになってきた。必要なのは、相手の声に耳を傾けることなのだが、その相手はいかにして語ることができるのだろうか。

ずっと後で、ガヤトリ・スピヴァックがサバルタンの語りについて精緻に問うていくことの核心が、粗削りではあるがすでに和子によって提起されている。俊輔が、日本の学者たちが日本人の「近代化」や「民主化」を力説するとき、「それを説いている学者自身は、『日本人』のひとりとしての自己を意識せず、したがって、彼ら自身は、『啓蒙』、『近代化』、『民主化』のラチ外にあるものとして、議論していることが、明治以後の日本の思想の根本的な弱さ」だと指摘したのを受けて、和子は「このような指摘を、わたし自身にはねかえるものとしてうけいれるようになった」のが、生活記録運動への関与を通じてであったと述懐している。

生活綴方の文章を読むなかで、和子は「俊輔が指摘したようなイミでの官僚（＝学者）方式とはちがった考え方が、草の根の間から、しかも組織的にめばえている」と感じた。だから和子は、彼女が最初に出会った三重県の女性労働者たちについて、自分が彼女たちに「ささえられて歩いているような気がしています」と述べていた。和子にとって生活記録運動は、女性労働者や主婦たちが自らの言葉を獲得するのを助けるという以上に、まずもって知識人の彼女が、自らの言葉と他の女性たちの間に共通の言葉の地平を探っていく活動だったのである。

## 4．生活記録から民俗の基層へ

### 「概念くだき」の方法

1950 年代の鶴見和子の知的エネルギーの最も大きな部分が割か

れた生活記録運動のなかで、彼女がとりわけ強調したのは「概念くだき」である。「概念くだき」は、もともと戦前の生活綴方運動のなかで国分一太郎が使い始めた言葉で、慣習化・類型化されてしまった言葉を新しい文脈のなかで捉え返していく実践であった。もともとは学校で教師が生徒の慣習化された思考をもみほぐしていく方法とされていた。これについて和子は次のように説明する。

「概念というのは経験の脈絡中から描き出して、抽象的な言葉として構成された考えですね。それを「くだく」というのは、概念をもう一度元の経験の場に返して考え直すことです。そしてその概念そのものを、作り変えていく、事実に合わせて作り変えていく。そういう過程がものを考えるときに必要だということです。私たちは大学の中では、物事を抽象的に考えてる。学問ていうのは抽象的な言葉を使えば、それだけ高邁な学問であるという間違った考え方が私たちの中にあると思うんです。決してそうではなくてね、概念と概念をつなげていけば学問になるというのは、これは本当の学問ではないと思います」[44]

こうした問題意識は、鶴見和子ならずとも教育に携わる多くの者が意識してきたことかもしれないが、和子の「概念くだき」で特筆されるのは、彼女がこれを単に学びの技法としてではなく、歴史社会的な実践のなかで理解していた点である。彼女は後にイヴァン・イリイチを参照しつつ、「概念くだき」が必要な状況が、もともと国語の統一とその文法体系の制度化、人々がそれまで日常生活のなかで使っていたヴァナキュラーな地方語の周縁化といった、近代国

44　鶴見和子「現代における学問について」『鶴見和子曼荼羅』第Ⅲ巻、知の巻、藤原書店、1998年、24頁

民国家の構築と表裏をなして出現したと考えている。ベネディクト・アンダーソンを持ち出すまでもなく、16世紀のヨーロッパで活版印刷の普及で出版物が爆発的に流通し始めると、その流通する文字テキストを基盤にして人々の言語世界の広範囲にわたる再編成が生じ、コンテキストのなかでテキストが絶えず紡ぎだされていくというよりも、テキストがコンテキストから自立して国民＝想像の共同体のなかの言語地平に位置づけられていくようになった。一方で、この言語地平は、近代の一般概念や理論的達成を可能にしていくが、他方でそれぞれの地方での日常生活と概念知識の間には大きな乖離が生まれていった。和子の視点からするならば、「概念くだき」は、この近代国民国家がたどった道筋を反転させること、つまり「コンテキストを喪失したテキストを、もう一度コンテキストに返して、考えを鍛え直す」実践である[45]。

**柳田國男と変革主体としての「常民」**

おそらくここに、和子が生活記録運動への関与から、やがて柳田國男や南方熊楠の民俗の基層に向かう探究へと関心を深めていくことになる思考の力線がある。一方で和子は、柳田國男の民俗学を、「自生の社会変動論」として理解しようとした。つまり柳田は、欧米から近代化論やマルクス主義を導入するのではなく、日本の歴史社会的文脈のなかで、人々の情動の深部までを掘り下げて、社会変動の可能性について考察したとするのが和子の見立てである。和子によれば、柳田民俗学の最も重要なポイントは、私たち自身の内部に「原始・未開人を発掘した」ことにあるという。すなわち彼は、「わたしたちが属する集団の社会構造のなかに脈々として存在する原始・

45　鶴見和子「現代における学問について」『鶴見和子曼荼羅』第Ⅲ巻、27頁未開の層を掘りあて、その構造を明らかにすることをとおして、近代の表層をつくりかえる方途を示唆した」[46]。

その内発的な社会変動の主体として想定されるのは、彼が「常民」と呼んだ人々の層である。「常民」とは、「書きことばよりも話しことばによって生活し、一定の土地に定着し、古くからの伝統を継承し、さらにそれをみずからの知恵によって時間をかけて作りかえてゆく、国民の大多数をしめる被治者」を指す[47]。このような歴史の古層と結びついた集合的主体が私たちのなかに存在しており、その意識化されていない主体の層を掘り起こしていくことが、「自生の社会変動論」たる民俗学の使命であると考えた。

鶴見和子は、柳田の近代化への眼差しが欧米の近代化論が見落としてきたいくつかの重大な視点を内包しているという。その第一は、感覚の変化への注目であり、欧米の理論では「価値観やイデオロギーの変化が重要視されてきた。それらを探る方法として、知識社会学の方法がもちいられてきた。これに対して、柳田はむしろ色や音や香りや味に対する常民の感覚や、表情（目つきなど）やしぐさを通して観察することのできる情動の変化を重くみている」。

また、柳田は「古い情動や古い感覚は、環境や理性的認識が変化しても、比較的永く個人の中に残留する」と考えた。時間はあらゆる層で同じように流れるわけではなく、知識人や理性的な層での変化が速いのに比べ、「常民の中には、古い情動が比較的永く残留する」。だから歴史の変化は、近代化論やマルクス主義が考えるよりもずっとゆっくり、多重的に進むのだ。柳田が考えたのは、このような変化の鈍い層の内側から生じる内発的な発展の可能性であった。

---

46　鶴見和子「われらのうちなる原始人」『鶴見和子曼荼羅』第Ⅵ巻、魂の巻、藤原書店、1998年、162頁

47　鶴見和子「常民と世相史」同書、225頁

当然ながら、こうした考え方は、近代化を単系発展的なプロセスとしてではなく、多系発展的なプロセスとして捉えることになるし、個人の共同体からの自立（伝統的な共同体の解体）が近代化にとって必要不可欠の条件だとする前提を疑うことになるだろう[48]。

それでは和子は、常民を主体とする社会変動が、どのようなダイナミズムにおいて成立すると考えていたのか。和子はここで、「常民が社会変動の担い手である」というだけでは変動の論理として不十分だと述べる。なぜならば、「一方では、定住民としての常民は、漂泊民とのであいによって覚醒され、活力を賦与される。また他方では、ひごろは定住している常民が、あるきっかけで、一時的に漂泊することによって、新しい視野がひらけ、活力をとりもどす。常民が社会変動の担い手となるには、みずからが、定住 - 漂泊 - 定住のサイクルを通過するか、または、あるいはその上に、漂泊者との衝撃的なであいが必要である」[49]。つまり、常民の自生的な社会変動は、定住と漂泊の間の交渉によって織りなされるのだ。

当然、ここで言われる「漂泊民」とは何者なのかが問われてくる。構造的には、これは共同体の「外部」ないし「境界」に位置づけられる人々で、そうした「外部／境界」に媒介されることで、「内部」としての共同体は繰り返し再生され、更新されていく。そして具体的には、こうした漂泊民に含まれるのは、たとえば宗教者、技術者、芸能者、さらには柳田が「山人」と呼ぶ文明化されざる者たち、旅する文人、自由に浮動する知識人たちである。こうした移動する人々と、定住する人々の間では、一方から他方への越境も起きるが、移動者たちには専門的は技能が要求されることも多いから、ある程度はその職において閉じた集団を形成していくことになる。

---

48　鶴見和子「常民と世相史」『鶴見和子曼荼羅』第Ⅵ巻、230-238 頁
49　鶴見和子「漂泊と定住と」同書、246 頁

このように鶴見和子の柳田論を概括してみると、近代的な支配秩序、たとえば天皇制支配やアメリカによる占領体制を内側から突き崩していく「概念くだき」は、戦後日本のそれぞれの地域社会が、どのような「常民」の層を自らの歴史的古層に見出し、それぞれの「漂泊民」との出会い（社会変動の内発的な契機の構造化）を定常的に実現していくかという点がポイントとなる。和子は1970年代になると、この新しい「概念くだき」の実践的な可能性を、水俣の反公害運動のなかに見ていく。そこには、「柳田が社会変動について考えた基本的ないくつかのカテゴリーは、かれが自然について観察し、そこからひきだしたカテゴリーと根もとでつながっているのではないか」という直観があったからだという。自然のレベルの変化の論理と、社会のレベルの変動の論理が、完全には重ならないことはいうまでもない。しかし、和子はあえて柳田民俗学のなかでこの二つが重ねられているかもしれない可能性を示唆することで、社会を自然から切断し、歴史発展の論理だけで変動を語ろうとしてきたマルクス主義や近代化論とは異なる地平が、柳田の変動論には包含されていたかもしれないのだと語ったのである。

### 南方熊楠、チャリニー曲馬団に合流する

和子の柳田研究が、どちらかというとアカデミックな作業としてなされているのに比べ、南方熊楠に対する彼女のアプローチは、熊楠の人生に寄り添うかのようになされている。和子が強調するのは、熊楠が長期に及んだ南北アメリカやイギリスでの生活により、「西洋」を意識すべき他者というよりも、ほとんど自己の一部としてしまっていたことである。熊楠は、「二一歳から三四歳までの一四年間を、前半の四年をアメリカに、一年をキューバ、ベネズエラ、ジャマイカ等の漂泊に、そして後の九年間をイギリスに暮らし、生活

と交友と読書とを通して、ヨーロッパを自分の中にとりこんだ」。彼はその青年期を、貧乏留学生として、サーカスの一員として、大英博物館の調査員として、南北アメリカやイギリスの庶民生活に入って過ごしており、その海外経験がエリートとしてのものにとどまった柳田よりもはるかに深く「西洋」を身体化させていた。つまり南方は、柳田よりもずっと「現実的に、生活的に、ヨーロッパを知っていた」のである。彼は、同時代の誰よりも深く「ヨーロッパを自分自身のうちに浸みこませていたからこそ、自己の内部のヨーロッパとの格闘もまた烈しかった」と和子は論じた。

実際、南方の海外経験は、日本の近代化＝西洋化の先兵として留学し、この国のエリートとなっていった人々とはよほど異なっていた。彼は何よりも読書と採集、観察の徒であり、教室と訓練の徒ではなかった。彼は夏目漱石や正岡子規と同期で大学予備門に入ったが、教室の学習になじまず中途退学した。それから渡米し、サンフランシスコの商業学校に入ったが、商業を好まずすぐやめた。ミシガン州立農学校（現ミシガン州立大学）に入ったが、「教室には出ないで、林野を歩いて動・植物を採集したり、図書館で本をよんだりして、結局友人のおこした事件の責任を自ら負って、進んでやめた」[50]。その後は学校に通うことなく、「中卒」のままで膨大な本を読み、図書館と博物館に親しみ、世界的学術誌に多くの論文を載せ、時代を超える大学者となった。この南方熊楠の人生のスタイルを、和子は次のように描写している。

「学校にいっても、学校以外に自分の日課をたてて勉強する。教師のいうことを丸呑みにしない。自分が本で読んだこと、自分

50　鶴見和子「転換期の巨人・南方熊楠」『鶴見和子曼荼羅』第Ｖ巻、水の巻、藤原書店、1998年、39頁

が実物で確かめたことから、教師のいうことを批判する。教師が生徒を選抜するのではなく、生徒である熊楠が、教師を採点しているのであった。……熊楠少年は、他律の時間である学校の外に、自律の時間と日課を創ることによって、創造的生涯の設計に着手したのである」[51]

もちろん、熊楠は怠惰だったのでも集中力が足りなかったのでもない。彼の採集民的な身体は、近代の規律訓練的な身体とは異なる仕方で、その集中力や持続力を身に着けていた。知識人であろうとビジネスマンであろうと、現代社会のほとんどの人間は「オーガニゼーショナル・マン＝組織人」として人生を過ごすが、熊楠は「生涯を非組織人の立場を守ることによって、かろうじて独自の学問と活動とをなしとげた」。これは、組織のなかに自分をはめ込んで成果を出していくよりも、はるかに困難な道であった。

ミシガンの農学校を離れてからの南方の軌跡は、ヴァナキュラーな放浪者としての、さらにはディアスポラ知識人としてのそれであった。1891 年 8 月、彼はフロリダ南端の島キー・ウェストに渡り、そこから船でキューバのハバナに向かう。ハバナで彼はイタリアのサーカス団に出会うが、そこには何人も日本人がいた。和子はこのサーカスを主宰していたのは「カリエ」だったと書いているが、この時期に日本と結びつきが深いイタリアのサーカスといえば、もちろんチャリネ曲馬団である。

団長のグィセッペ・チャリニー（Giuseppe Chiarini 1823 ～ 97）は、もともとイタリアの古くからのサーカス団の家系に生まれ、すでに 1840 年代からロシアまでを公演先としていた。50 年代になると

51　鶴見和子「転換期の巨人・南方熊楠」『鶴見和子曼荼羅』第Ⅴ巻、45 頁

ロンドンに渡ったのを機にアメリカの興行師との関係が深まり、やがて 1856 年、彼はまだスペイン領だったキューバのハバナで「王立スペイン曲馬団」を名乗って一座を立ち上げ、カリブ諸島を回っていくようになる。一座はこの種の曲馬団にまだ馴染の薄かったカリブの島々で大人気となり旅興行は成功だった。これに気を良くしたのか、60 年代に入ると、彼はメキシコにも進出し、ここでも興行を成功させていく。

その後は、本拠地となっていたキューバに戻り、またメキシコを訪れるなど行き来していたが、60 年代末からは文字通り世界を股にかける旅興行を始めることになる。パナマからカリフォルニアへ、チリ、アルゼンチン、ブラジルと南アメリカを一周し、サンフランシスコに戻って、しばらくそこを拠点に活動を続けるが、今度はスペインに渡り、再びアメリカに戻ってから、さらにニュージーランドとオーストラリアに渡る。メルボルンやシドニーでの公演を成功させて再度アメリカに戻った後、ジャカルタやらボンベイまでのインド洋への旅興行に出る。70 年代後半には再び南アメリカとオセアニアを巡回し、80 年代に入るとマレーシア、スリランカ、シンガポール、ビルマ、ベトナム、タイ、フィリピン、そして香港へと旅していくことになった。アジア各地での興行はどこでも人気を博し、この 80 年代にチャリニーたちは 8 年間にわたりインドや東南アジアから中国、朝鮮までの各地で旅興行を続けた。

こうして 1889 年 7 月、チャリニー一行はついに横浜に上陸する。当時の新聞は、この大サーカス団の来日をこぞってとりあげ、「有名なるシヤリニーは其一行の芸人と共に我国にて一興行せんと」上海から横浜に到着し、「此一行中には猛獣を自由に使ひて種々の芸を為す人も組合ひ居り、或は獅子の檻内に入りて其口中に頭を差入るるもあり、虎の背に跨りて走るもありて観る者をして絶叫せしむる奇術を為す」（毎日新聞 89 年 7 月 17 日）と、このサーカス団が圧倒的な驚異をもって当時の日本に受け入れられていったことを報じている。チャリニーたちは横浜の後、東京、神戸、長崎、京都、大阪など各地をまわり、どこでも絶大な喝采をもって迎えられていく。11 月には明治天皇の天覧興行も催され、「チャリネ曲馬団」の名声は明治の日本人に知らぬ者とてないほどに広がった。

注目されるのは、彼らの興行が、西洋のいわゆる曲馬だけでなく、セイロンの巨象、アフリカのライオン、ベンガルの虎、マダガスカルの巨蛇、オーストラリアの巨鳥など、彼らが巡業した各地で仕入れてきたと思われる珍獣奇獣を含んでいたことである。団員にしても、すでに来日した時点でイタリア人、アメリカ人、ドイツ人、オーストラリア人、フランス人、イギリス人、ギリシャ人、オランダ人からフィリピン人まで、人種や民族の面でもきわめて混成的な一団となっていた。

南方は、この大成功の日本公演を終えてキューバに戻っていたチャリニー一行に出会い、すでに一団に加わっていた何人かの日本人芸人たちと懇意になり、ついに自らも一団に加わって彼らの中米巡業に同行していった。南方はサーカス団の一員として、ヴァレンシア、カラカス（ベネズエラ）、ラグアイラ（同上）、プエルトリコ、ハイチ、ドミニカなど中米各地を旅していくことになる。

後に彼は、柳田國男への書簡のなかで、「明治二四、五年ごろ、小生キュバ島その他にて落魄して曲馬師の窠中に寄生せしことあり。小生は各国の語を早く解し、ちょっとちょっと埒の明きやすき男で、郷に入れば郷に従えとあきらめ、曲馬中の芸女のために多くの男より来る艶書を読みやり、また返書をその女の思うままにかきやり、書いた跡で講釈して聞かせ、大いに有難がられ、少々の銭を貰い」過ごしていたという[52]。演劇やサーカスの旅興行というのは一種の遊牧性を内包し、概して旅の先々で新しい仲間が加わることに慣れている。新たな参加者は、しばらくして一団から離れる場合もあり、時間的にはこの旅はその人の人生のごく一部にすぎないとしても、そこでの経験は、しばしばその人物の人生観に決定的な影響を及ぼす。鶴見和子の慧眼は、南方のチャリニーのサーカス団への参加が、単なる余白的な脱線ではなく、彼の学問や人生、世界観と共振していることを見抜いていた。

### ポストコロニアルな眼と大英博物館

鶴見和子はこの点について、「南方が、どんな職業の人々とも心を開いてつきあい、人間関係の網の目づくりに長けていたことは、この曲馬団の中での『文売り』の実績をみてもよくわかる。しかもこの曲馬団は、……さまざまな異人種の混成部隊であったらしいから、まさに、庶民レベルの異文化交流の場であったにちがいない。のちに和歌山県田辺に定住してから死に至るまでの交友範囲が、漁師、農民、芸者、大工、雑貨商、生花師匠、洋服屋、僧侶、新聞記者、教師その他まことに種々雑多な職業に及んでいたことと思いあわせると、一貫して流れている南方の名人芸であり、人間的魅力のなせるわざと思われる」と書いている。

しかもここで、南方が旅したのは、米西戦争以前、スペイン等の植民地だった西インド諸島や中南米各地であった。南方の海外経験が、他の多くの近代日本の知識人のようにパリやベルリン、ロンドンといった帝国の首都から始まったのではなく、むしろヨーロッパの植民地で、しかもコロニアルな状況を生きる庶民たちとの交流から始まっていたことは重要である。再び和子の指摘を引用するなら、

---

52　南方熊楠『南方熊楠全集』第 8 巻、平凡社、1971 年、363 頁

「北・中・南米をふくむアメリカ漂泊時代は、南方にとって、動物、植物、微生物、そして民俗と人情の機微に対する大探検時代であった」が、そのようにして南方が、帝国主義の首都ロンドンに赴く以前に「旧植民地であったアメリカの中小都市、および欧米の植民地であった中・南米を見てまわったことは、後日、南方が地域分権を重んじる基礎になった」と述べている[53]。ちなみに南方がチャリニーのサーカス団の一員として西インド諸島をまわる直前、同じ西インド諸島に長期滞在してポストコロニアルな眼を育み、やがて近代日本文学者となっていく人物に、小泉八雲ことラフカディオ・ハーンがいる。この和子の論を敷衍するなら、南方の後の有名な神社合祀反対運動は、彼なりのポストコロニアルな実践であったと見なしても大きな間違いではないだろう。

さて、サーカス団から離れた後、南方は英国に渡り、大英博物館での調査補助を中心に博物館や図書館の奥深くとロンドンの街中を往復しながら９年間の歳月を過ごした。鶴見和子によれば、南方のこのロンドン生活は、①国際的学術誌への寄稿、②大英博物館の資料渉猟、③海外での人的ネットワーク、④卓越した多言語の語学能力の獲得にささげられた。いずれも今日に至るまでの日本のドメスティックな「知識人」や「大学教授」に著しく欠落してきたものである。実際、南方は英国の科学誌『ネイチャー』に計50編の論文を発表しているが、学歴が「中卒」の人物が成し遂げたこの業績は、同時代の「帝大教授」たちが足元にも及ばぬものであった。ロンドン大学総長のフレデリック・V・ディキンスは、この南方の才能を見込み、ケンブリッジ大学に日本学の講座を創設して南方を准教授に迎えようと工作したが、結局この目論見はうまくはいかなか

53　鶴見和子「漂泊の季節」『鶴見和子曼荼羅』第Ⅴ巻、125頁

った。ロンドン大学総長ほどの人物でも、新しい講座の開設一つままならないのは、昔も今も同じ大学という組織の特徴である。

論文寄稿の一方で、南方は大英博物館で『大英博物館日本書籍目録』の作成を補助し、博物館の膨大な資料の写本に励み、さらに10ヵ国語に及ぶ言語を我がものとしていった。和子によれは、「ロンドン在住時代の南方の学習方法の特徴は、一方では知の宝庫大英博物館で、古今東西南北の知識を吸収蓄積することと、他方で、これを駆使して、対話ないし論争を挑むことによって、自分の思考力を鍛えることを、同時に併行しておこなった」ことだった[54]。

さらに重要なことに、南方がロンドンで生活していた時期、ダーウィンと並ぶ進化論者であったアルフレッド・R・ウォレスや社会進化論のハーバート・スペンサー、人類学の古典『金枝篇』の著者ジェームズ・フレーザーなどの大学者たちがまだ健在であり、自然から社会、文化までを統合的に説明しようとする進化論パラダイムが最も華やかに展開されていた。後のマルクス主義や構造主義、システム論と同じように、進化論は自然科学から人文社会科学までの知の普遍パラダイムと考えられていたのであり、南方熊楠はこの知的潮流の中心地に飛び込んで、その流れのヴィヴィッドな雰囲気と直に接していた。この経験は、新しい学問の流れにあくまで書物を通じて接していた柳田とは大きく異なるもので、南方のエンサイクロペディストとしての、また文理の境界線を平気で越境する普遍主義的知性の主としての思考を支えていったと考えられる。

### 南方熊楠から鶴見良行へ

鶴見和子の柳田論と南方論を通覧すると、和子が柳田民俗学の社

54　鶴見和子「漂泊の季節」『鶴見和子曼荼羅』第Ⅴ巻、65頁

会変革への視座を高く評価しながらも、すでに述べたような脱コンテキスト化する近代知の限界を「概念くだき」していく可能性は、柳田よりも南方の方向にあると感じていたことが見えてくる。和子は柳田と南方が、往復書簡を重ね、多くの認識を共有しながらも、いくつかの点ではっきりとした違いを残し続けたと論じている。その第一は、「地域（地方）」に対するとらえ方で、南方があくまで定住者の立場から地域を見たのに対し、柳田は農政学者ないしは旅人として地域を見た。南方が「地域にいて地方から中央を見、柳田は中央にいて中央から地方を見た」ともいえなくもない。第二に、南方が「世界の、そして地球の一部として地域（エコロジーの単位）」を考えたのに対して、柳田はあくまで「日本国の一部としての地域（政治的単位）」を考えた。

以上の二つは認識のレベルでの違いだが、第三、第四の違いはむしろ行動のスタイルに関係する。すなわち第三に、神社合祀反対運動において、「南方が、地方官憲に対して、対決をおそれぬ精神でぶつかっていったのに対して、柳田は正面衝突をなるべく回避して隠微にことをはこぶように忠告した」。そして第四に、「南方が、外国の学者への檄をとばして、国外の世論を結集しようとしたのに対して、柳田は、そのような行為は国辱を外にさらすものだと激しく反対した」。いわば南方は草の根のアクティヴィストたらんとし、柳田は政治の動きをよく知る者として、政策を実現するのに何が必要かを計算していたのである。

やや先回りするなら、ここでの南方の政治スタイルは、どちらかというとべ平連から今日の反原発デモにつながるネットベースの市民運動に似ている。他方、柳田の発想は、熟練した政党政治家が、確実に政策転換を実現していこうとするときの手練手管に似ている。そして柳田は、社会変動の主体として「常民」を造語し、それを彼の民俗学の中心に置いたのだが、南方は集合名詞によって人々を概念化することをせず、あらゆる多様な職業、階層の人々と個人としてのつきあいをしていくことを重んじた[55]。おそらく現代ならば、南方が相手とした人々の通称は、いささか流行語になりすぎているが、アントニオ・ネグリのいう「マルチチュード」がぴったりだろう。

こうしてみると、柳田の視点が最良の意味で20世紀的であったとするなら、南方の視点は優れて21世紀的である。アメリカや中南米でポストコロニアルな眼差しを生活のなかで獲得していった南方は、ロンドンでの大英帝国の資料の渉猟、紀州・田辺での地域への土着を通じ、20世紀を飛び越えて21世紀の地球時代を遥かに見据えていた。

ところがここまで議論を進めてきて気づくのは、このような鶴見和子が浮かび上がらせた南方熊楠の未来性は、本書の冒頭で述べたような意味で鶴見俊輔が語った鶴見良行の先行性と、ある面でひどく似た特徴を有していたのではないかという点である。良行については第三章で詳しく論じるので、ここで深く立ち入ることは避けたいのだが、東南アジアの奥地に入ってナマコからのアジア史について考えた良行を、越境的な旅のなかで粘菌を集め続け、そうした植物＝動物からの世界史を考えた南方と並べてみたい。南方は、諸々の事情があって、ある時から漂泊の徒であることをすっかりやめて、地域世界のなかに沈潜していく。他方、良行は、ある時から外交官の息子であることや市民運動家であることをやめて、アジアを漂泊することに賭けていく。良行の生き方は、南方が夢見ながらも実現できなかった人生である。南方は役所勤めや立身出世にはおよそ興

55　鶴見和子「紀州田辺の住民として世界へ」『鶴見和子曼荼羅』第V巻、190頁

味がなかったが、良行のようにアジアを旅することには大いに関心があったはずである。

もちろん、鶴見和子は弟俊輔のことを非常に高く評価していたので、その弟の限界を従弟の良行が越えているかもしれないとは考えなかっただろう。和子にとって、良行はそれほど大きな存在であったようには見えない。彼女は息子を深く理解する母のように、弟俊輔のことを深く理解し、その天才を自分を超えるものとして評価していた。そしてその俊輔のアメリカでの生活や、その後の人生のスタイルは、和子のそれに比べればはるかに南方のアメリカ経験や人生の傾きに通じるものがある。少なくとも鶴見俊輔を、前述した和子の論じる柳田國男と南方熊楠の対照のなかに位置づけるならば、柳田よりもずっと南方に近いところに位置づくことは確実である。そしてこの俊輔の柳田からの距離は、俊輔や和子の、祖父・後藤新平からの距離でもある。和子も俊輔も、後藤や柳田が前提としていたような国家への意志を、どこかで本能的にも意識的にも拒絶するところから自らの学問を出発させている。それが戦後であり、最も優れた意味での戦後的知性の可能性であった。

そして、その和子がパール・バックや生活記録運動を経てたどりついたのは、南方熊楠の実践に、近代日本を越える契機を探ることだった。南方が西洋的近代に対置させたのは、ネーションとしての日本ではなく、大乗仏教を根幹とするアジアであった。彼は、写経と読書によって自身に根づいた大乗仏教の世界像をもって西洋近代の世界のなかに分け入り、北米や中南米を旅し、やがて紀州・田辺の地域世界に戻っていった。この旋回を通じて南方のなかに形成されていった「比較学」は、ヨーロッパ的普遍性に対してむしろアジア的普遍性を発見しようとするものであったと和子は要約した。

ところが南方は、彼が実際に北米や中南米を歩いたようには、アジアを歩くことができなかった。和子や俊輔と同じような問いから出発し、実際に現代アジアを歩いていったのは、鶴見良行であった。だから良行の歩いたアジアには、近代日本のなかの「西洋」、とりわけ戦後日本における「アメリカ」を越えていく契機が、和子や俊輔とは異なるモードで内包されていた可能性がある。次章と第三章では、このような「アメリカ」と「アジア」、そして「戦後日本」という構図のなかで、俊輔や良行の模索が、和子のそれとはどのように異なる展開を遂げていったのかを確認していくことにする。

# 第2章 俊輔の反抗

## 1. 外からの風景

### ジョン・リードとメキシコ革命

メキシコシティの夜景は美しい。まるで噴火口から溢れだした溶岩が平原全体を覆い尽くすように、無数の電光が果てしなく広がり、見る者を圧倒する。夜、南の郊外にあるクエルナバカ方面から尾根伝いにハイウェイを下りてくると、ちょうど銀河の海に降り立つような、微かなめまいを覚える。暗闇のなかに広がる無数の煌めきは、この世界最大級の人口を擁する都市のスケールを実感させると同時に、その均質的な色彩によって、表層の風景の背後に蠢くあらゆる差異と切断、重層性を隠している。そして昼間には、この都市は夜に見せたのとはまったく違う相貌を露わにする。レフォルマやインスルヘンテスといった大通りを疾走する無数の自動車や、これらの通り沿いに並ぶスーパーマーケットが、アメリカ的消費生活がすでに人々の生活をすっかり覆っていることを証明していた。

しかしやがて、ここで数ヵ月も生活していると、これらの無数の電光や近代化された都市の風景の背後で、非等質的な世界がモザイク状の蠢いていることに気づかされていく。メキシコは、そこを訪れた者が最初のころに抱く印象よりも、ずっと複雑で、多様で、単一の論理では説明しきれない錯綜した社会である。

私がこうした感想に半年余りのメキシコ滞在で達することになる1990年代初頭よりもおよそ20年前、鶴見俊輔は1972年から73

年にかけてメキシコに滞在している。20年後に私が経験したのと同じ、同地の大学院大学エル・コレヒオ・デ・メヒコに招かれての滞在で、幸い授業負担はそれほどでもないから、メキシコを知るために滞在中の多くの時間が使われることになる。私自身の滞在は、生まれたばかりの赤ん坊の子育てに終始する日々が多かったのだが、鶴見俊輔は、そのメキシコ滞在の成果を『グアダルーペの聖母』（1976年）という魅力的な一冊にまとめている。その著書のなかで、俊輔がジョン・リードのメキシコ革命についてのルポルタージュ『反乱するメキシコ』について論じている一文がある。

ジョン・リードは、夭逝した20世紀初頭のアメリカ人ジャーナリストで、『反乱するメキシコ』やロシア革命の蜂起から政権奪取に至る過程を現場から生々しく捉えた『世界をゆるがした十日間』で世界的な名声を得た。そのリードはハーバード大学で学んだのだが、在学中は同じ頃に同大生だったウォルター・リップマンらの優等生ぶりをからかいながら、大学雑誌の編集委員や寄稿者、水球チームの主将や運動部応援団長、ミュージカルの作曲や演出、女子学生たちとの恋愛と、学業そっちのけの派手な学生生活を送っていた。ハーバード卒業後は新聞記者となり、当時、アメリカの大都市で横行していた汚職を暴露する記事を次々に発表してジャーナリズムの先頭に立っていたリンカーン・ステファンズから多くの影響を受けた。俊輔によれば、リードは「おなじ時代のニューヨークの事件を見てステファンズと毎日議論することによって、学説をとおしてでなく、リードは社会主義に近づいて行った」という。

リードはやがてニュージャージー州の織物工場で労働者たちが苛酷な労働条件に抗議して立ち上がった話を聞いて取材に行くが、巻き添えで留置されてしまう。この留置場体験が、彼をより深く工場労働者たちの運動にかかわらせるきっかけとなり、紆余曲折を経て、やがて彼は隣の国で起こっていた内乱についての記事を書くための旅行を思いつく。ステファンズの推薦もあり、「月刊雑誌だけでなく、日刊新聞の特派員でもあるほうが、メキシコに入ってから大切にされるだろう」という思惑から、様々な記者の肩書を持ってリードはメキシコ国境へと向かった。

しかしリードは、メキシコの連邦政府軍からは入国を拒否される。リードはしばらくテキサス州の国境に近い町からメキシコ側を見ていたが、ある日、意を決して国境を越え、メキシコ領チワワ州に潜り込んだ。それまでリードは米国側の国境の町でメキシコから引き揚げてきた多くのアメリカ人がメキシコについて語るのを聞いたが、どれも偏見に満ちたものだった。リードは国境を越え、革命の現場に参入することにより、直接、そこで何が起こり、人々がこの内乱をどのように受けとめているのかを観察していく。やがて彼は、革命のリーダーの一人であったフランシス・ヴィヤに出会い、まったく無学な農民の子であるヴィヤがいかにして革命に目覚め、人々の共感を勝ち取り、軍事作戦を展開していくのかを、彼らと行動を共にしながら記録していく。その同行取材の日々を通じ、「山脈と砂漠での流動的なたたかいの中で、日々刻々の必要にせまられてヴィヤが革命の原則を組み立ててゆく。その即座の智慧のもつ素朴な原則性を、リードは、メキシコ革命の大切な側面と考えた」と俊輔は要約している[1]。

ジョン・リードのついての一文は、『グアダルーペの聖母』のなかで他とは異質な一章となっているが、それにもかかわらず俊輔がリードの人生を詳しく紹介しているのは、自分の人生をリードのそれに重ねられると感じていたからであろう。彼はリードの方法につ

1 鶴見俊輔『クアダルーペの聖母』筑摩書房、1976年、142頁

いて、「目の前にあらわれる出来事をとおしての学習という方法は、リードの同期の卒業生の中でのT・S・エリオットやウォルター・リップマンのような学者肌の秀才には考えられないことだろうけれども、まさにこの道すじをとおって、見ることをさとる、おこってくる事件をとおして考えるという、リードの迫力ある文体がそだっていった」と述べている[2]。ここで俊輔が対比しているエリオットやリップマンに対するリードの方法的立場は、英国的文脈に移すならば、同じT・S・エリオットやF・R・リーヴィスに対してジョージ・オーウェルやレイモンド・ウィリアムズが歩むことになる道筋とも重ねることができるであろう。それは、原理に基づいて一定の認識枠組を対象に当てはめるのではなく、対象のなかに参入し、そのことで自らの立場が相対化されていくのを通じて認識の枠組を織り上げていくような、そうした方法である。

実際、俊輔が別の場所でジョージ・オーウェルを論じた文章と、右のリードについての文章を並べると、その観点の類似に驚くほどである。俊輔によれば、「状況のなかで、自分の反応をつみかさねることを通して、政治思想をつくった人」であったオーウェルにあったのは、「原理による一貫性というよりは、生活態度による一貫性」である。つまりオーウェルの一貫性とは、「状況の外から政治的原理をまず立てて、それに合わせて状況への反応を決定する型の著述家にあるような一貫性」とは対極をなすものだ。むしろ彼は、「自分の確実に知っていることだけを書こうとした」。当然、「自分の知っていることの意味は、あとに知り得たことによって、繰り返し変わってゆくものだし、常にあいまいな状態に置かれている」。

オーウェルは、このあいまいさを承知の上で、ビルマにおける植

2　鶴見俊輔『クアダルーペの聖母』129頁

民地支配の現場から、イギリス北部の炭鉱労働者の生活、スペイン市民戦争の前線まで、常に状況の内に身を置き、そこでの経験によって自分の前提としてきた見方を疑い、今、起きていることを記述していった。そのオーウェルの洞察は、とりわけ「小さいものを見ることから、大きいもののより正確な像を類推する方法」において優れていたと俊輔はいう[3]。彼の社会主義は、この点で、すでに「証明」されている大きいものについての法則を小さいもののなかに再確認する公式の社会主義、上から様々なモデルや尺度を状況に当てはめて解釈を導き出すエリートたちの改良主義とは決定的に異なる。このようにオーウェルの方法を評価するとき、俊輔はそこに自らの方法的立場を重ねている。

### メキシコから米国を眺める

重要なのは、リードの認識地平の転換が、北から南に国境を越えるという、己を賭した行動によって実現していることである。米国領にとどまる限り、どれほどメキシコ滞在が長く、その事情に詳しいアメリカ人から話を聞いても、リードはメキシコ革命の根本を理解するには至らなかったであろう。国境を越えてメキシコ側から内乱を眺めるようになったリードにとって、眼前の出来事は驚きの連続で、とりわけ彼の認識が揺らいだのは、「メキシコ政府軍に対しても、米国の役人に対しても、悪びれずにいつもおなじ冗談を言ってたちむかう難民の姿」を次々に目にしたときであった。そこにあるのは、「うちひしがれたものの身を屈した態度」ではなく、「絶望にうらうちされた陽気な生活」だった[4]。それは、リードが米国領

3　鶴見俊輔「オーウェルの政治思想」『方法としてのアナキズム』鶴見俊輔集 9、筑摩書房、1991 年、48-68 頁
4　鶴見俊輔『グアダルーペの聖母』134 頁

内で聞かされ、想像していたメキシコ人とはまったく異なる存在であった。アメリカから眺めていたのでは、メキシコの現実を捉まえることはできない。リードは革命軍と共にメキシコで4ヵ月を過ごし、そこで得られた観察を帰国後に『反乱するメキシコ』にまとめることで一流記者として認められる。しかしそれもつかの間、今度は第一次世界大戦への米国の参戦に真っ向から反対したために、彼はこの国のメディアからすっかり締め出されていく。

リードの人生はその華麗さと儚さのなかで、アメリカ的地平線の臨界を鮮やかに浮上させている。米国からメキシコへの越境は、ある合理的な秩序体系が締め出している裏の、もう一つの生活論理の世界に身を移すようなところがある。リードが飛び込んだのは革命の現場であったが、鶴見俊輔がその約60年後にメキシコで発見したのも、日本や米国で自明視されている合理性とは異なる力強さとしたたかさを備えた生活論理の世界であった。

実際、俊輔はリードが国境を越えて反乱軍に加わりながら経験したのと似た転換を、ヤキ族の集落を訪れたときに経験している。俊輔はヤキの集落に出かける前、多くのメキシコ人から「ヤキ族は危険だという説と、ヤキ族はなまけものだという説」を聞かされていた。俊輔たちが乗ったタクシーの運転手は、「ヤキは怠けもので、おくれている。もうけようという考えがないからだめだ」と語った。しかし、ヤキの集落に滞在し、ヤキ族の人々と話した後で、俊輔はまさにこうした運転手の発言こそ、メキシコ人の世界像を逆説的に照らし出していることを知る。「メキシコで実現された近代文明にたいする信仰はゆるぎないもので、その故に彼は、自分たちの文明の足もとにあるもう一つの文明を見ることができない」のだ[5]。

5　鶴見俊輔『グアダルーペの聖母』52頁

俊輔はこの後、中部の町の市場の商人が、その商品を高く売ろうとまるでしていないことに驚く。彼らは「おたがいの必要に応じて、自分たちのつくったものをわずかにわかち合う。その時に要求するねだんは、自分がそれを買う時にはらうねだんとかわらぬものであった」[6]。米国とは異なる論理で動いているメキシコ、そして利潤原理とは根源的に異なる原理で動いている先住民社会から、逆に自分たちが今いる場所の異様性が見えてくる。

物事を捉える見方そのものが、米国側とメキシコ側、メキシコのなかでも大都市と地方の集落では異なるのだから、どれほど情報が豊富になっても、一方からだけでは他方の事象を十分に理解することはできない。このことは、米国とメキシコとの関係では、私が滞在した90年代初頭においても変化していなかった。1994年、メキシコ最南端のチアパス州で、NAFTAへのメキシコの加盟が発効する1月1日を期し、またしても先住民・農民千数百人が武装蜂起し、反乱軍はこの地方の文化的中心であるサン・クリストバル・ラス・カサス市をはじめ、オコシンゴ、アルタミラノなどの州南部の主要都市を占拠したのだ。彼らは、メキシコ革命の英雄サパタの名前から「サパティスタ国民解放軍（EZLN）」を名乗り、NAFTA反対とメキシコの民主化、チアパスにおける先住民・農民の劣悪な生活状態の改善などを訴えた。この「先住民の武装反乱」のニュースは全世界のメディアを驚愕させ、政府軍はあわてて1万数千人の陸軍を派遣し、周辺の山林地帯への空爆を開始した。

この一連の出来事は、新自由主義を歓迎していたメキシコ人にとって大きな驚きであった。事件の背景にあったのは、グローバルな資本主義によるメキシコのさらなる収奪への不安と「革命」の理念

6　鶴見俊輔『グアダルーペの聖母』67頁

の空洞化に対する反発であった。知識人たちは繰り返しこの事件について論じ、メキシコ社会の現在について問いを深めていった。かつてのサパタやヴィヤの「反乱するメキシコ」から80年後のチアパスの反乱は、単にメキシコ政府に敵対する軍事行動というのみならず、アメリカ化の流れに身をまかせつつあった多くのメキシコ国民に深刻な問いを突きつけていったのである。

この反乱は当時、他の中南米ゲリラの亜流にとどまらない未来的な戦略を含んでいた。彼らは自分たちの反乱の社会的な意味を巧みなメディア戦略を通じて広くアピールしていったのである。蜂起した日から、彼らはメキシコの民主主義を問う、様々なメッセージを新聞や雑誌、インターネットを使って発信した。ハリー・クリーヴァーによれば、この反乱において「最も衝撃的だったのは、この闘争のニュースが流通するスピードと、その結果起きた支援の動きがきわめて迅速だったということ」である。反乱軍は、「初日からEZLNは効果的に、声明をファックスを通じて公表し、続いてコミュニケが直接、様々なニュースメディアへ送られた。第二に、マスメディアを通じて伝えられたその行動と諸要求は、メキシコの国内外でその動向に関心を抱く多くの人々をつなぐコンピュータ・コミュニケーションのネットワークを通じて、彼らの要求や行動についてのレポートが自然発生的にしかも迅速に流通したことによってさらに補強」された[7]。こうして副司令官マルコスという覆面のリーダーは、メキシコの世論を味方につけただけでなく、その容姿や雰囲気から若い女性たちの人気の的ともなっていった。新しい「反乱するメキシコ」は、最初からグローバルな情報ネットワークを前提とし、これを利用して武力では対抗できない政府から譲歩を引き出

7　ハリー・クリーヴァー「チアパスの叛乱」『インパクション』85号、1994年

すことに成功したのである。

この時、ちょうどメキシコ滞在中であった私は、事件の推移や反乱者たちの動きに熱中し、『ラ・ホルナーダ』や『エル・プロセッソ』といった現地の新聞・雑誌類を毎日のように買っていたのだが、始めてまだ数ヵ月のたどたどしいスペイン語では、一つの記事を読むのに丸一日かかってしまいお手上げであった。しかしそれでも、『ワシントンポスト』や『ニューズウィーク』の英文記事をいくら読んでも、メキシコに身を置いて経験している事件のリアリティには到底達しなかった。これは情報量の問題ではなく、出来事をどこから眺めるかというポジショニングの問題なのだと痛感した。

メキシコにいることは、米国の底面を、斜め下から見上げるような経験を伴う。米国からすれば、中南米は上空から見下ろす存在かもしれないが、実は上から見下ろすよりも、下から見上げることから見えてくることは結構多い。そもそも現代世界において「アメリカ」とは何かという問いに、当の米国民くらい無自覚な人々はいないかもしれない。チアパスの反乱をめぐり、リードや俊輔のような転換された視座を私が獲得できたわけではないが、少なくともこの「反乱するメキシコ」が、米国からのまなざしとは異なり、逆にそのまなざしの背後に鋭く照準していることは十分に理解できた[8]。イスラム原理主義グループによる9月11日の同時多発テロが起こる約7年前のことである。

**朝鮮半島から日本を眺める**

以上で述べた米国とメキシコの間の視座のねじれと相似的な関係が、帝国日本と朝鮮半島の間にも存在した。鶴見俊輔は、ちょうど

8　吉見俊哉『リアリティ・トランジット』紀伊國屋書店、1996年、179-222頁

リードがメキシコとの国境線を越えることで、アメリカ人が無自覚に米国領内から外の世界の革命を眺めていることの限界を示したように、朝鮮半島から日本を眺め返すことが、日本人が日本という国を自明なものとして自己を語ってしまうことの限界を顕在化させると考えていた。「日本人は千年以上ものあいだ、このおなじ島々に主として住み、おたがいの交際をもとにしてくらしてきた。そのすぐむこうには別の国があり、別の民族が住むという国境をもたなかった。このような生活環境は、私たちに、外国というと遠いところのような感じをもたせてきた」と、俊輔はいう。この自明性は、日本人にとってはとても大きな弱点である。在日韓国朝鮮人の作家たちが創造する文学世界は、「こういう私たち日本人の世界観を、日本人の間にあって日本をえがくことをとおして、うちやぶる力」を備えている。

このことはさらに一般化して、鶴見俊輔は次のようにも述べる。すなわち、「ある民族が他の民族を植民地化する場合、植民地化する民族の言葉が、植民地化される民族にとってもつ意味は、植民地化する民族に属する人びとにとっては、自覚にのぼせにくい」[9]。この自覚にのぼせにくい言語世界の裏から、あるいはその外から内を裏返すような仕方で、日本というまなざしの場が問題にされなければならないと、俊輔は考えてきたように思われる。

たしかに上野千鶴子と小熊英二が問うたように、鶴見俊輔は全体としてみるならば、朝鮮半島について、あるいは東アジアと日本の関係について、多産なこの著者からすれば意外なほど語っていない。その理由を問われ、彼は、アジアについてあまり書いてこなかったのは、「自分がそれについて書ける方向性を持っていないから」だ

9　鶴見俊輔『外からのまなざし』鶴井俊輔集 11、筑摩書房、1991 年、256 頁

と答えている。彼は「在日韓国・朝鮮人については、何度も書いた。これは六〇年代以降は、自分の問題だと思ったし、いろいろ関わっているからだ。だけど韓国ないし朝鮮そのものについては、あまり書けない」という[10]。つまり、少なくとも俊輔の自覚では、自分は朝鮮半島と日本の関係にどうアプローチし、どこから誰に向けて語ればいいかが見えていなかったから、この問題に深入りしてこなかったということになる。しかし他方で、彼はメキシコについて語り、欧米との関係における自己認識が、植民地的な構造のなかでのまなざしの問題であることを論じている。さらにこうした植民地的な構造が、象徴やイメージ、言語使用の現場においてとりわけ問題を顕在化させていくことにも気づいていた。そうだとするなら、本当は、俊輔は、朝鮮半島と自分、日本の戦中・戦後史との関係について語る方向性を持っていなかったわけではないのではないだろうか。

実際、俊輔は在日文学の重要性を、言語の使用法の問題と結びつけて考えている。彼によれば、「私たちの日常使う言葉は、たとえば家庭内のその時かぎりの用をたすものとして意味をもっている。しかしおなじ言葉は、歴史の大きなわくにおかれる時に、その日常の意味を越えた別の意味をになう。歴史のわくにおかれる時だけでなく、家庭よりもひろい、もっと大きな社会空間のわくにおかれる時にも、おなじ日常の言葉は、別様の意味を明らかにする。日本人が日常使う一つ一つの言葉は、同時代の朝鮮人にとって、日本人がそれに託するとちがう意味をもつものとして理解される。それを誤解だといえないところに、日本人の生きている場所がある」と、まるで彼のプラグマティズムとバフチン的なマルクス主義言語学を架橋するような指摘をしている[11]。

10　鶴見俊輔、上野千鶴子、小熊英二『戦争が遺したもの』新曜社、2004年、335頁
11　鶴見俊輔『外からのまなざし』鶴井俊輔集11、258頁

彼はここで、金達寿の小説『玄界灘』を例に、日本語の助詞の「の」や「と」が、いかに言語的な多声性を内包しており、それが植民地的状況のなかで戦略的な語りを発生させていくかを具体的に示す。もちろん同じことは、様々な動詞や言い回しについても、それらが折り重なって構成された記述全体についても言えるだろう。さらには人々が用いる記号やシンボル、所作についても当てはまり、こうした記号と言語をめぐる多声的な文脈性が、植民地的関係を再生産もすれば、変質もさせていくことになる。すでにメキシコの例で見てきたように、このような多声性を記述が呼び出すには、観察し、語る側のまなざしが、米国からメキシコへ、あるいは日本から朝鮮半島へというように越境するのでなくてはならない。

鶴見俊輔はアジアにおいて、この越境の実践をそれほどにはしていない。このことは、彼の実践の最盛期が 1950 年代から 70 年代まで、つまり東西冷戦が堅固で、朝鮮戦争からベトナム戦争まで、各地でまだ戦乱が続き、また戦乱がおさまった国々でもほとんどは軍事独裁政権が支配していた時期と重なることと無関係ではないように思われる。文字通りの暴力的な体制が貫徹しているところでは、俊輔が日米や米墨の境界線に見出したような視座の転換は、実際にはなかなか経験することが難しい。たしかにこの時代にも、鶴見良行は俊輔よりも先を行き、東南アジアから日米を眺め返すことに成功していた。しかし今日においてすら、北朝鮮の内側から日本を眺め返す作業は、不可能ではないが、かなり困難である。東アジア全体に足場を広げ、日本帝国（ポスト帝国）やアメリカとの関係を問い返すことは、80 年代の各地での民主化運動を経て、ようやく可能になってきたことなのである。いうまでもなく、その象徴的な嚆矢となったのは、90 年代に浮上する従軍慰安婦問題だったが、私はこの問い返しは、慰安婦問題だけでなく、もっと幅広い観点でなされていくべきだと考えている。

## 2. アメリカが敵になる

### 留置所のアメリカ民主主義

鶴見俊輔の様々な回想を通読していくと、彼が1942年6月、日米交換船で帰国の途についてから45年8月15日まで、心情的には日本よりもアメリカの側に立ちながら、否応なく日本人の一人としてアメリカとの戦いに服していたことがわかる。本当の敵は、「日本」なのかもしれないという思いを心の底に抱き、決してそれを誰にも悟られまいと常に自己を演じながら、俊輔はインドネシアで、自分も命を落とすかもしれないアメリカとの戦争に従軍していた。日本が「負けることの罰は受ける。だけど日本人に対してはけっして心を許さない。この戦争に負けるなんて、私は初めからわかっている。だけど、そんなことをけっして言いたくない。だから自分が死んでもかまわないが、アメリカ人を殺す側には行きたくない。そうかといって、自分の日本の上司を殺すっていうだけの気力は湧いてこない」という、はなはだ矛盾に満ちた心情だったと述懐している[12]。上野千鶴子と小熊英二によるインタビューでも、この尋常ならざる意志の強さを覗かせる次のような会話をしている[13]。

**鶴見**　自宅のあった麻布十番を壊滅させた空襲があったとき、B29を頭上で見たんですよ。あのときは、「ああ、こんなところを孤独に飛んでいる操縦士はかわいそうだなあ」と思ったね。
**小熊**　空襲を受けながら、そんなことを考えていたんですか。
**鶴見**　そう。だから同情の対象は向こう側（笑）。私は頑固なん

12　鶴見、上野、小熊『戦争が遺したもの』112-113頁
13　同書、100-111頁

だよ。和子が屋上にやって来て､「敵機が来た」とか言うから､「あれは敵機じゃない」と言い返したんだ（笑）。

**小熊**　でも、アメリカ軍が味方と思ったわけではないでしょう？

**鶴見**　味方だと思ったわけではないけれど、敵機だとは思わない。日本軍は敵だ（笑）。

**小熊**　しかし日本の軍はともかく、日本の兵隊は？

**鶴見**　ものすごく気の毒だと思った。もうすぐ負けるのに、殺されているんだから。

**小熊**　なるほど。じゃあ、アメリカにしても日本にしても、兵隊たちはかわいそうだと。

**鶴見**　そう。地上でやられるのも、孤独に空に飛ばされているのも、かわいそうだと思った。

俊輔が何度も述懐しているように、彼は交換船に乗らず、そのままアメリカにとどまって終戦を迎えることもできた。彼は日本という国家に思い入れがあったわけではないし、むしろそうした国家を唾棄すべきものと考えていたから、今さら帰国して国に忠誠を尽すつもりなどさらさらなかった。日米開戦後、北米に住む日本人・ドイツ人・イタリア人が移民局に呼ばれて調査を受けた際、この戦争をどう思うかとの質問に、俊輔は「自分は信条として無政府主義者だから、このような帝国主義戦争ではどちらの国家も支持しない」と答えてしまった[14]。俊輔はクロポトキンやトルストイの影響から非戦論の意味で「無政府主義」という言葉を口にしたのだが、アメリカは「無政府主義」にはきわめて敏感な国である。つまり日本のように「国家」がまるで自明のものとされていない分だけ、「国家」

14　鶴見俊輔『北米体験再考』岩波新書、1971年、8-10頁

を意識化する必要があり、逆にその「国家」をあからさまに否定する無政府主義者は、とてつもなく「危険」な存在とみなされることになる。彼はやがて、下宿にいたところを逮捕され、移民局留置所に拘留される。

しかし、「アメリカでの牢獄体験そのものは、むしろ面白かった」と、俊輔は語っている。「大学生活から離れたんだから、もう毎日が日曜日。それにアメリカの留置所は当時の日本の食糧事情にくらべたら飯もうまいし、愉快」だったといたって暢気である[15]。逮捕されるまで、彼はハーバード卒の席次で「一番」になろうとして必死だったので、新聞を読む時間すら惜しむほどであったが、拘置所では「午前と午後に新聞の売子が金網ごしに売りに来るのを買って、ゆっくりと漫画までふくめて読むことができた。……何もすることなくねていると、誰かドイツ人が歌をうたいだして、だいたいは第一次世界大戦の軍歌だったが、その歌が檻中にひろがってゆくのがたのしかった」。海岸警備隊員を殺したという元ボクシング選手、町のレスラーだったという 120 キロはあろうと思う大男、「思いだすと、いろいろな顔が出て来て際限がない」という[16]。

ここにはすでに、戦後、思想の科学研究会で「ひとびとの哲学」や大衆文化研究に向かっていく鶴見俊輔が顔を覗かせている。つまりこの逮捕と拘留は、ハーバードで「一番病」の秀才でしかなかった俊輔が、戦後日本の知的運動を担う思想家へと変身していく重要な解放の契機になったと考えることもできる。俊輔は、昼間はハーバード大ではけっして出会えないだろう雑多なひとびととおしゃべりをして時間を過ごし、夜は一人で唯一あかりのついていた便所の便器の蓋をしめて机にして卒業論文を書いていた。

15　鶴見、上野、小熊『戦争が遺したもの』39 頁
16　鶴見俊輔『北米体験再考』10-12 頁

したがって、このときの拘留が鶴見俊輔を反米に導いたわけではまったくない。むしろ、事実は逆で、この拘留を通じ、俊輔はアメリカの「デモクラシーのしっかりした岩床を実感」したと語っている。留置所では、「食事はよかった。貧乏学生でしたから、ハーヴァードより監獄のほうがたっぷり食べた。わたしは人を殺せと命令されたわけでもなく、大部分の時間の使いかたは自由でした。勉強もできました。こういうかたちで、わたしは『ここにデモクラシーがある』と感じたんです」と語っているから、投獄されることで、俊輔のアメリカの民主主義に対する信頼感はむしろ強まったというべきだろう[17]。

当然、俊輔には、拘留が続こうが、終わろうが、そのままアメリカに残ることが、戦争を無難にやり過ごす最も楽な方法であることもわかっていた。それにもかかわらず、「交換船が出るが、乗るか乗らないかって聞かれたときに、私は乗るって答えたんです。日本はもう、すぐに負けると思った。そして負けるときに、負ける側にいたいっていう、何かぼんやりした考えですね。というか、勝つ側にいたくないと思ったんだ。この戦争については、アメリカのほうがいくらかでも正しいと思ったんだけど、勝ったアメリカにくっついて、英語を話して日本に帰ってくる自分なんて耐えられないと思った」と、俊輔は語る[18]。「日本に帰ってきて殺される確率を（他のひとびとと）共有したい」というただそれだけのために、彼はより危険であるかもしれない帰国の道を選ぶのである。

---

17　鶴見俊輔、S・ウォリン、D・ラミス「ラディカル・デモクラシーの可能性」『世界』1980年2月、171-172頁

18　鶴見、上野、小熊『戦争が遺したもの』38頁

## コミュニケーションの坑道

しかしこれは、大きな誤算であった。彼は病弱で、「アメリカにいた最後の年は、結核がひどくなってたびたび喀血していた」状態だったから、帰国しても、まさか自分が徴兵検査に合格して戦地に送られるとは予想していなかった。ところが俊輔は、まさかの「合格」をしてしまい、日本軍の一員に組み入れられてジャワ島に送られるのだ。日本に帰ればどこに住んでいようと爆弾が落ちてくる可能性があることは承知の上の帰国だったが、自分ほど病弱な人間までもが徴兵検査で「合格」になることは想定外で、否応なく俊輔は戦地に赴くことになる。結果的に、監獄の外の日本は、「わたしにとっては監獄以上に監獄でした。当時のわたしは他人を殺すことを強要されえたし、これがわたしの問題となったんです」と告白する。従軍中、俊輔は「交換船に乗ったときの自分の予測は間違っていて帰ってきたのは間違いだった」と後悔するが、もはや選んでしまった運命を変えることはできなかった。こうして 1943 年 2 月から、胸部カリエス悪化によって日本に戻ってくる 44 年 12 月まで、彼はジャカルタの海軍武官府で、通信傍受や諜報活動、軍の会計や慰安所の設営などの業務に服していた。

俊輔はこのときの経験を、敗戦から 11 年後、「戦争がくれた字引き」という小文にまとめている。そこでは戦争の前線で、日本人たちが根拠のない情報に基づいて暴力と幻想の空虚なシステムをつくりあげていく様子が冷徹に観察されている。俊輔のこの観察が、ここでも言葉の使用法や情報、コミュニケーションに焦点化されていることは注目に値する。

たとえば、ジャカルタの兵営では、「豪州進攻は、その開始とともに使えるスパイ数百人を必要とし、その供給源を内田司政官は探索している」と喧伝されていたが、実際にスパイとして「採用見込み」になった者は大部分が女性で、彼女たちは士官や高級将校のための慰安所に送り込まれていった。そして、たまたま通信傍受により意味がありげなメッセージが読み取られると、それにあわせて多くの容疑者が逮捕され、容疑に根拠がなかろうとそのまま釈放されず、何人かは虐殺されていった。戦況が不利になると、外国の報道と日本の報道のギャップはどんどん拡大したが、これは意図的に虚偽の情報が流されただけでなく、日本軍自体が自らの戦況について正確に確認する方法を失いつつあったことも反映していた。このように自らがその置かれた状況を正しく認識できなくなっていく傾向は、文官組織でさらに甚だしく、司政官は「確認の方法を自分たちが持っていないという自覚さえなしに、しかも、純粋の認識にふけっていた」。やがて、実態把握の能力がまるでない流言調査機関が設立され、現地社会から乖離した調査機関が膨れ上がり、それらは本国に「現地におけるあらゆる種類の質問にこたえることのできるような綜合調査の機関」として宣伝されていった。

俊輔は、こうした戦地での経験が、彼に「知識がどのように掘りだされてくるのか」を具体的に理解させる契機になったという。戦争を前線で経験することで、彼は「知識の坑道におりて行く体験」を持つことになった。——その「坑道」とは何か。

司政官が妄想を現実化するように創り上げた流言調査機関から集まる情報が、そうした坑道になり得ないのはいうまでもない。司政官は、「流言は、天気予報と同じ役割を、作戦にたいして果たすものだから、これをなるべくたくさん集めて分析し、作戦に役だて」ようと考え、そのために雇用された現地人たちが、「朝出て夕方かえってくるまでに流言をたくさんしいれて来て、夜タイプライターにむかい一日一ページの報告書をつく」った。しかし、ジャワ島では字の書ける島民は少数のエリートで、タイプライターを打てる者はさらに少数で、彼らは島の大衆には信用されていなかった。彼らは島の大衆のことを見下しており、最初から大衆の生活のなかに入っていこうなどという気はなかった。やがて彼らの報告は、多くが同じ種類の話で、ただそこに挿入するコトバを変化させることで話の数が増えたように見せかけるだけになっていった。彼らの「文書は多分に装飾的であったし、大衆がこれこれを感じたという大衆の感じなるものも、かれら自身が軍政についてもっている随想をかれらの心中で分析しているもの」にすぎなかった。実のところ、彼らは朝早くに官邸を出て、昼間は自宅で昼寝していたのだ。

俊輔はちょっとしたきっかけで、町の人力車夫と知り合いになった。彼はある時、ジャワ島民の間での仁丹にまつわる話をした。森下仁丹は 1902 年から海外販売に乗り出し、08 年には天津、漢口、上海に支店を開設、中国全土 4000 ヵ所に委託販売を依頼している。宣伝活動も日本国内に勝るとも劣らぬほどの積極さで展開し、新聞広告や街頭広告に加え、宣伝音楽隊は大陸奥地まで入り込み、無料サンプルを配っていた。さらに 1911 年には、ボンベイ支店も開設、やがてインドだけで代理店が 50 社、販売店は 5000 店を超え、「日の丸」を知らないインド人も「仁丹」のことはよく知っているという状態になっていた。そして、1915 年にはジャワ島にも支店が開設され、販売が本格化していたから、俊輔がジャワ島を訪れる 40 年代までに、仁丹はジャワ島民にもごく日常的な医薬品の一部になっていた。

俊輔が人力車夫から聞いた話では、ジャワ島民にとって、仁丹は「万能薬で、子供のときは腹が痛くても、歯が痛くてもおふくろが仁丹をくれれば、けろりとなおったもんです。仁丹の袋にひげをはやした軍人がかいてありますね。仁丹将軍て、今にああいう顔をした人が、私たちこの島の者をすくいに来てくれるんだって言いつたえがありました」。ところが実際に日本軍がジャワ島にやってきて、彼らが西欧の白人たち以上に差別的なことがわかってくると、「私たちの仲間は言うんですよ。白人語では猫のことをカッツ、日本語ではこれをネコ、だがどちらにしても、猫は猫だってね」。この車夫の発言を受けて俊輔は、「島民は島民の背骨のいたさによって確認しながら、わずかの見聞を通して、世界について見るべきものを見ていた」という[19]。日本軍の情報組織は、そもそもこれらの島民の生活世界とは切れていた。彼らに比べれば、実際に軍艦に乗る船員たちは、情報が自分の命に直接かかわることなのでいくらかましだったが、いずれにせよ日本軍の情報把握は、知識の坑道におりて行くようなものではなかった。彼らが掘ったつもりになっていた情報の層のずっと下に、現地のひとびとが自分たちの「背骨の痛さ」を通して形成する知識の厚みのある層が存在した。

### アメリカが敵になる

戦争中の鶴見俊輔が守らなければならなかった最も重要なことは、敵を殺さないことであった。彼は、この戦争に日本が負けることが分かっていたし、アメリカン・デモクラシーの力も知っていた。日本国に対する忠誠心など生まれるはずもなかったし、日本軍の状況把握能力の低さや倫理的退廃も目の当たりにしていた。自身の見込み違いから、戦地で日本軍の一員の役を演じなくてはならなくなってしまった彼は、この役をできるだけ消極的に演じた。

このような立場の者にとって、「アメリカ」は少なくとも本当の敵ではあり得ない。しかし、そもそも「敵」であるとか、「味方」であるとかいうのはどうでもいいことで、彼の無政府主義の考え方

19　鶴見俊輔「戦争のくれた字引き」『私の地平線の上に』鶴見俊輔集 8、筑摩書房、1991 年、509-515 頁

からすれば、そのような「敵／味方」の二分法こそ廃絶されるべきものであった。なぜならば、俊輔の理解では、無政府主義＝アナキズムとは「権力による強制なしに人間がたがいに助けあって生きてゆくことを理想とする」思想である。この思想は、「人間の社会習慣の中に、なかばうもれている状態で、人間とともに生きて来た思想」なので、「習慣の中に無自覚の形である部分が大きく、自他に向かってはっきり言える部分は小さい」[20]。そのような、いわば暗黙知的な次元の思想として無政府主義を捉えることで、アメリカを「敵」とするのでも、日本を「味方」とするのでもないような次元で、俊輔は戦時下を生き抜こうとしていた。

しかし興味深いことに、俊輔はその日記に、日本が敗戦し、アメリカによる占領が始まったときには、「自分とアメリカとの戦いが始まる」と書きつけていた。「戦中は日本との戦いだったけれど、戦後はアメリカとの戦いが始まる」というわけだ[21]。つまり戦中、「アメリカとの戦い」を遂行していた日本軍のなかで俊輔がひそかに賭けていたのは、「アメリカとの戦い」ではなく「日本との戦い」だったのだが、やがて戦勝国としてアメリカが進駐してくると、俊輔が己を賭すべき戦いの相手は、「日本」から「アメリカ」に転回すると予測していた。これは複雑な思考であり、彼は戦時中、もうすぐ戦争に負けるまでは「自分自身が『鬼畜米英』だから、アメリカへの批判を抑えていたんだけれど、これで舞台が回ったからには、こんどは自分とアメリカの戦いが始まると考えていた」のである。

念のために解説を加えるなら、ここで俊輔が、戦中、自分自身が「鬼畜米英」だったとしているのは、けっして彼が「鬼畜米英」を

---

20　鶴見俊輔「方法としてのアナキズム」『方法としてのアナキズム』鶴見俊輔集 9、筑摩書房、1991 年、3-5 頁

21　鶴見、上野、小熊『戦争が遺したもの』135-136 頁

信じていたという意味ではなく、彼自身が「鬼畜米英」として名指される「アメリカン」な内面を持つ人間であったという意味である。そのようなアメリカ側の自意識を強く持っていた俊輔は、しかし敗戦後にはアメリカとの戦いを始めなければならなくなると確信していた。そして実際、敗戦、さらに占領が到来すると、彼は占領軍からの協力依頼に応じなかったし、アメリカに渡航しなくなり、やがてアメリカを向こうに回してベ平連を組織していく。

それにしても、この鋭敏に準備された転回は、何を意味するのだろうか――。1984年に出版された『絵葉書の余白に』で俊輔は、「戦争中ほどアメリカを愛したことは私にはない。人とかたりあうことができず自分ひとりの心の中でひめていた」と書いている。アメリカ軍の攻撃によっていつ命を落とすかわからない毎日を過ごしながら、俊輔は戦時中、そのアメリカを熱愛していた。実際、戦争中も彼は、「私の内部では、英語の流れがつづいており、自分の皮膚一枚へだてて、日本語のやりとりにかこまれていた」と語っている。彼にとっては、「米国の牢獄以上に、日本の社会が牢獄」だったから、素直に考えるなら、日本の敗戦＝アメリカの進駐は、この「牢獄＝日本」からの解放として期待されても不思議ではなかった。

ところが彼は、この戦争が（アメリカの勝利によって）「終わる時、その時僕のアメリカに対する戦争が始まる」と書き、「民族的思いあがり」「自己満足」「物質主義」「画一主義」などのアメリカ文明の欠陥について触れてもいた[22]。これは、1943年8月の日記だから、実際の敗戦よりもだいぶ先だってのことになる。アメリカとの戦争に従事しながら、その「敵」とされていた「鬼畜米英」は自分自身なのだと考え、しかしそのアメリカがまもなく勝利したときには、

22　鶴見俊輔「絵葉書の余白に」『私の地平線の上に』鶴見俊輔集 8、313-314 頁

自分はこれと「戦いを始める」準備をしていた。

この複雑な心理における第一の明白なポイントは、戦後、俊輔は「アメリカとの戦い」を、敗戦国となる日本の側に立って始めようとしていたわけではまったくないことである。日本はまもなく戦争に負けて、アメリカに占領されるだろう。そんなことはわかっているが、俊輔はその敗戦国の側からアメリカに復讐戦を仕掛けようとしているのではない。むしろ彼は、日本以上に深くアメリカを内面化していた。だから彼は様々な対談で、「私にとって、『内』という場合は日本とアメリカなんです。私個人にとってはそれが自然なんです。ヴェトナム戦争に反対したことは、アメリカ合衆国に対するペイトリオティズムなんです」と語っている[23]。

つまり、俊輔が戦後、アメリカとの戦いを始めようとしていたのは、アメリカの内側からである。俊輔のなかには、すでにそれほど深くアメリカが内面化されていた。彼は、アメリカの外の日本の側に立って、再びアメリカと戦おうとしていたのではない。そのような戦いは、せいぜい負け惜しみのナショナリズム、あるいは急進化していけばテロリズムに帰着するだろう。これらは俊輔が考えていた「戦い」とは対極にあるものだ。アナキズムを信条とする俊輔は、そもそも国家としてのアメリカからも、日本からも距離をとろうとする意識が強い。彼は、自分が「アメリカと戦う」ことの支えのひとつとして、渡米後の下宿のおばさんとの出会いを語る。

「彼女が私に与えてくれたものというのは、日本にアメリカがはいってきた以後、アメリカにたいしては徹底的に抵抗しなくてはいけないというかたちで私のなかに貫通しているわけです。彼

23　鶴見俊輔『期待と回想』朝日文庫、2008 年、432 頁

女の身ぶり、それが貧乏も恐れず、スックと立っていたその姿勢というのが私のなかで生きるわけですよ。それは彼女が予期しないしかたで生きるわけだ。だから私は、私の先生だったライシャワーが大使になってきたけど、大使館から呼ばれる者としては私はあそこに行かず、坐り込みだけやりに行ったわけだ」[24]

この発言でも確認されるように、俊輔は日本のナショナリズムの側に立って「アメリカに徹底的に抵抗」しようとしているのではない。そのような「抵抗」ならば、アメリカの下宿屋のおばさんはさして必要ではないことになる。しかし、この抵抗の根底で、下宿屋のおばさんの身ぶりが「私のなかに貫通している」とは、俊輔は日本社会というよりも、むしろアメリカの民衆、ちょうどこのおばさんのような民衆の身ぶりに自分を重ねて、アメリカに抵抗していることを示している。ライシャワー大使に対する抵抗は、彼の師に対する抵抗であり、このとき彼は、日本人というよりもハーバード大の卒業生として、それ以上にそのハーバードの近くの無名の下宿に世話になった者として教師に抵抗している。俊輔がそこに立とうとしているのは、日本国民の側でも、アメリカ国民の側でもなく、むしろアメリカの大学町や牢獄で出会った普通のひとびとの側であった。彼はこれを「同胞」と呼ぶが、この同胞は、「日本国民じゃないんです。国家じゃないんです」と強調している。

したがって、敗戦後における俊輔のアメリカへの戦いは、アメリカの「民衆」に寄り添おうとする立場からの、アメリカの「国家」との戦いである。アメリカは一枚岩ではない。アメリカの「国家」が全面に出てくると、俊輔は「脱国家＝無政府」の立場から、この

24　鶴見俊輔『言い残しておくこと』作品社、2009 年、60 頁

「国家」への信奉と全力で戦わなければならないと考える。しかしこれは、日本の「国家」の復活や、戦前的なものへの回帰につながるものであってはならない。それこそまさに、俊輔が本当の牢獄以上に牢獄的と感じた当のものであり、アメリカの占領は、そうした最悪の「国家」に対し、一定の解放的契機を含んでいた。

だから俊輔は、占領が終わる 1952 年、「見事な占領の終わりに」という小文を書き、アメリカ軍による日本占領が、日本軍によるアジア諸国の占領に比べれば、倫理的にも、管理能力でもはるかに優れていたと述べている。戦争中、日本軍は占領したアジア各地に慰安所を設置し、そこに各地から連れてきた女性たちを収容して、いわば国家的な強姦を大々的に展開したのだが、アメリカ軍は少なくとも公式にはそうした施設を広めたりはしなかった。占領期、占領軍にそうした施設を進んで提供したのは日本政府の側であり、占領軍は、一旦はその提供を受け入れるものの、やがて国内世論に批判されて禁止している。また、進駐した米兵が、中国での日本軍兵士のように「むやみに人家におしいって、ものをとるということも多くはなかった。ことに敗戦直後には、みじかい期間だけではあったが、日本人が自分たちの力でできる以上の改革を、人民解放の方向においておこなった」[25]。

俊輔の考えでは、このアメリカのこうした相対的な倫理的優秀さの根底にあるのは、分け隔てがあまりないという点である。彼は、渡米して下宿人となったアメリカの一家族で、「自分の家の『なかのもの』と『そとのもの』との差別が、ほとんどなかった」ことを例に出す。このアメリカ家庭では、「その家にたずねて来る客は、ぼくの客でもあったし、ぼくがいることで話題をかえることもなか

25　鶴見俊輔「見事な占領の終わりに」『方法としてのアナキズム』121-122 頁

った」。日本人は、「自分の家の外のものにたいして思いやりを持たぬように、自分の国のそとのものにたいして思いやりがない」。俊輔はジャワ島で、占領者であった日本軍の兵士たちが、アメリカとの戦争には関係のない現地の人々を殺しているのを知っていた。中国大陸では、多くの日本軍兵士たちが「理由なしに強盗、サギ、強姦、殺人、暴行をはたらいた」。そしてまさにその同じ日本人たちが、敗戦後、ひとりひとり「家にかえって、家の中で善き父として、もととおなじ生活をもち得ることに、日本の倫理を見る」。

つまり日本では、倫理は共同体の内部でのみ通用するもので、それを越えた普遍性として生きられることが少ない。そのために、家庭や会社、国家の外に出てしまうと、日本人は著しく倫理性を欠いた存在になりやすい。占領が終わり、アメリカの倫理に頼って戦争責任の追及をしていた時代から、自らの倫理に従ってその責任追及をしなければならない時代に入るとき、それを担い得るだけの倫理を、果たして日本人は形成していくことができるだろうか。

## 3. アメリカ思想とコミュニケーション

### コミュニケーション思想としてのプラグマティズム

このように語った1950年代初頭の鶴見俊輔が、アメリカ人の倫理性を過大評価しすぎていたのではないかとの批判は可能だろう。すでに朝鮮戦争が始まっており、やがて拡大するベトナム戦争で、ここに述べられていた倫理性をアメリカ軍は著しく欠いていることも露わとなっていった。当然、50年代を通じ、俊輔はどんどんアメリカに批判的になっていく。戦中に予言していた通り、アメリカとの戦いがはっきり意識されていくようになったともいえる。ローレンツ・オルソンは、戦後、俊輔の著作のなかでアメリカが、「次第に、奇妙に抽象的で、地勢を欠き、国民もほとんど登場しない、理想喪失の地として描かれるようになっていく」という。だいたい50年頃までに、俊輔にとってアメリカは、「焼きつけられた幻影」にすぎなくなってしまった[26]。

ここでオルソンは論点をややあいまいにしているのだが、実際に俊輔のなかで生じたのは、「理想の地」としてのアメリカから「理想喪失の地」としてのアメリカへの転換ではなく、「アメリカ」という概念がひどく分裂した存在になっていくことだったように思われる。青年期にアメリカを深く内面化した俊輔は、戦中はその内面のアメリカを保持し続けたのだが、戦後になると占領者としてのアメリカ、やがてアジア各地で帝国主義的暴力を平然と行使するアメリカに直面し、自らの「アメリカ」を内側から突き崩していった。

俊輔の思考のなかでこうしたアメリカ像の変化がいかに生じたかは、彼が1950年に出した『アメリカ哲学』と58年に出した『アメリカ思想から何を学ぶか』を比較してみることからも見えてくる。一方で、前者における「アメリカ哲学」とは、プラグマティズムのことである。プラグマティズムは、19世紀後半に米国で生まれ、その後も主に米国で育った「文字どおり純米国産」の思想である。創始者であったウィリアム・ジェイムズ（1842-1910）とチャールズ・S・パース（1839-1914）らから、この流れを集大成するジョン・デューイ（1859-1952）まで、近代アメリカ思想の根幹をなす思想家たちにより織り成されていった潮流で、もともとはハーバード大学のあるマサチューセッツ州ケンブリッジの若手哲学学徒が集まっていたサークルに濫觴がある。

その潮流の内部に立場や視点の違いがあるものの、全体に共通しているのは、言語への注目と、その言語によって成り立つ思想が行

26　ローレンス・オルソン『アンビヴァレント・モダーンズ』新宿書房、1997年、185頁

為の一面であること、つまり「考えは行為の一段階なり」という認識から出発している点であると俊輔はいう。したがって、プラグマティズムは思想が行為から独立して閉じた言説領域をなすのではなく、常に行為と結びつき、意味の規準にばかりでなく行為の規準にも従わなければならないと考えてきた。言葉のパターンは何らかの行動の型と結びついており、俊輔が後に論文「言葉のお守り的使用法」で見事に分析していったように、ある言い回しやメッセージの意味するところは、そのような行動の型との結びつきにおいてこそ理解することができる。

俊輔は、こうしたプラグマティズムの観点が、アメリカ人の文化的気質とも強く結びついていると主張した。つまり、プラグマティズムの思想には、思想的風土としての北米大陸の特性が深く刻み込まれている。その一つは功利主義で、アメリカでは、理論は理論のためにあるのではなく、「理論が一般人の日常生活に何ほどかの変化をもたらすか、なにほどの実利をもたらすか」によって判断される。第二は実証主義で、アメリカ人は「自分の手にとって見られるものでないと信用せぬ」。したがって、「人の意見や思想も抽象的な形のままではなかなかのみこめず、日常生活で遭遇することも身辺に見なれている物によって説明されるまではこれをうけいれぬ」傾向を有している。さらに米国には自然主義的傾向があり、アメリカ人は「考えることに特別の尊敬を払わない」。

この点で彼らは、「むずかしい文字の並べてある本、むずかしい理論を説く学者を了解せぬままにありがたがる」日本人とは大いに異なる。日本では、思想が「アカデミズム」のなかに閉じ込められ、ただ西洋の最先端の知を輸入しているというだけで崇め祭り上げられる傾向があるのに対し、アメリカ人は、あくまで「考えることをわれわれ自然人としての行動の一つとして解し、歩く、食う、眠る等の行動と異なった段階に属するとは考えない」。そして、まさしくこうしたアメリカ人の「考えの非尊重という習慣が、行為主義（プラグマティズム）の自然主義的傾向の基礎となったことは当然の成行」であった[27]。

アメリカ的気質を背景にしたプラグマティズムの行為主義と、前述の言語への関心が結びつくことで、プラグマティズムは「コミュニケーション」の概念を焦点化することになる。俊輔が示すところでは、この洞察を最も深めたのはデューイで、彼はその哲学の中心にコミュニケーションの概念を置き、次のことを主張した。第一に、デューイはコミュニケーションを生物の社会進化の諸段階のなかに位置づけ、人間においてこれは言語による媒介の形態をとると考えていた。とりわけ彼は、人間の心は、最初から与えられているものではなく、「コミュニケイションという行為をくりかえすことの中で、だんだんに出来てくる機能」であるとした。

第二に、デューイにとって言語とは、「われわれの経験の一部をとりあげて、なにかの〈目的〉におうじて、あたらしい別のものに変化させるところの道具」である。

第三に、デューイの考えるコミュニケーションとは、単に「口でしゃべるとか、耳できくとかいう局部的行動でなく、からだ全体をなげいれてする〈全身的行動〉である。したがって、「コミュニケイションが成功して、心から心へと見事に意味がつたわるためには、まずそれぞれの人の〈興味〉がゆりうごかされ、興味という通路をつうじて、それぞれの人の〈人がら〉全体が、そのコミュニケイションに参加するようでなければならぬ」。この意味で、デューイの教育論は、暗黙知の次元の身体的な相互作用を含んだ、今風にいう

27　鶴見俊輔『アメリカ哲学』世界評論社、1950 年、197-201 頁

ならアクティブ・ラーニングの原型を提案する。

第四に、コミュニケーションとは、記号の媒介によって二つ以上の動物が「共通の意味」をもつに至ることである。ここにおいて、コミュニケーションは「意味」を生じさせることになるが、この意味には、別の言葉によって代理可能なシンボルの次元とコノテーティヴな潜在的反応の次元が重層的に含まれる。最後に、文化とは、人々がおこなうコミュニケーションの総体のことであり、文化の様式とは、根本的にコミュニケーションの様式に帰着する[28]。

**人文学のコミュニケーション論的転回**

思想や文化の営みを、コミュニケーションの観点から考えることは、鶴見俊輔の生涯を通じた視点となるが、1950年前後の彼の著作は、この視点がプラグマティズムの哲学から、とりわけデューイの影響を受けて導き出されたことを教えてくれる。やがて彼は、「文化史の一部門として、コミュニケーション史というものの成立することが、必要だ」と考えるようになっていく。人文学のコミュニケーション論的転回である。音楽や文学、絵画の歴史を、すべて「コミュニケーションの歴史」として捉え返すこと。つまりイメージやテクストをそのコンテクストから切り離して意味論的に分析するのでなく、それらが表現され、伝達され、受容されていたコミュニケーション状況から捉え返していく学問分野の構想である。

ここに構想されるコミュニケーション学は、既存の人文諸学に対し、「官庁発行の文献本位の『日本歴史』に対して、民間伝承の実地調査に主に依存する『日本民俗学』が果たした役割と同様」の役割を果たしていくはずである。一例として彼は、イタリアのファシ

28　鶴見俊輔『折衷主義の立場』筑摩書房、1961年、140-148頁

ズム研究において、ムッソリーニの演説内容の分析以上に、イタリアのラジオ放送におけるムッソリーニへの言及の減り方が、彼の政治的位置の後退の重要な指標になると指摘する。俊輔によれば、文化のコミュニケーション過程は、「経済的・社会的条件に制約されたところの、しかもそれ自身としての法則性をもっているものであり、その法則は、人々による自覚と利用とをもっている」[29]。

こうしたコミュニケーション学の具体的展開として、桑原武夫の率いる京大人文科学研究所の一員として俊輔が取り組んでいったのは、ルソーをはじめとするフランス啓蒙思想の捉え返しである。俊輔によれば、「それぞれの時代のコミュニケーションは、それぞれの形においてコミュニケーションの隘路をもっており、同時代の人々によってその隘路が打開されることを常に新たに要求している」。ルソーが活躍した18世紀中葉には、「新しくパンフレットという道路を通して政治的宣伝が行なわれるようになり、またコメディという道路を通じて合理的な人生観が民衆の思想の中へと根を下ろしていった。公開図書館は各地に増設され、学校は増設され、フランス国民のかなり多数が署名可能となり（文字が書けるようになり）、貸本屋は1時間に12スウ（12/20フラン）で人に本を貸し、読み書きする人々のあいだでも民衆の手のとどかぬラテン語はおとろえ、国民語であるフランス語がさかんになった」[30]。このような新しいコミュニケーション環境が、ルソーに王侯のパトロンから独立して、「天才的マス・コミュニケーション・スペシャリスト」として生きていくことを可能にしたのである。

ルソーはそこで、新たに登場しつつあったコミュニケーション手

29 鶴見俊輔「ルソーのコミュニケーション論」鶴見俊輔著作集第1巻、筑摩書房、1975年、391-392頁
30 同書、396頁

段を縦横に使いこなしていった。なかでも手紙での読者とのやりとりは、ルソーが開拓し、独壇場とした新しいコミュニケーション回路だった。彼は読者からの身の上相談的な手紙に対し、忙しいときも、「労をおしまず、これらの読者からの問い合せに返事を書いた。自分の著書に対する民衆の反応も、きちんと分類してとっておいた」という[31]。このように「手紙」というメディアをフルに活用した点でルソーは特筆すべき位置にあるが、こうしたことが可能だったのも、「18 世紀中葉のフランスにおける郵便組織の十分なる発達、それにともない民衆が手紙形式になれてきたという事実」があってこそのことであった。ルソーはまた、読者たるべき民衆向けた手紙体の宣伝文を発明し、手紙体での批評論文や教育論、出版を前提に自己の立場を弁護する一連の手紙を執筆し、『新エロイーズ』のような手紙体の小説も案出してベストセラーにしていった。

さらに彼は、告白体の自叙伝や、自己を二つに分裂させて互いに対比させる形での告白文や、論敵との架空の会見記によって自著を正当化する文章までを書き、出版を軸に作品化のためのあらゆるコミュニケーション形式の実験をしていった。ルソーは 18 世紀に新しく出現したコミュニケーション環境のなかで、今でいうならばブログやツイッター、メールでのやりとりをフルに活用して地歩を築いていった新世代の知識人だったのである。ちなみに日本のルソー主義者中江兆民が、その思想を三人の酔人の問答という形式で伝えたのは、まさにこうしたコミュニケーションの形式をこそ重視する啓蒙期の発想に倣ったものであったに違いない。

鶴見俊輔は、ルソーの思想的実践において、「コミュニケーションの諸道路が、それらの相互的交流の中に、ゆれながら位置を占め」、

31　鶴見俊輔「ルソーのコミュニケーション論」鶴見俊輔著作集第 1 巻、404 頁

しかも「新しい道路が、意識的に追い求められ」続けたことを高く評価していた。しかも、ここにおいて「新しい道路が発見されるのは、いくつかの道路の交配の結果として起る」特徴があった。振りかえるなら、ルソーは実践的に「それぞれの（コミュニケーション）様式における伝統を整理し、技術を簡素化し、それと同時に、ほかの様式との交流・複合を考え、さらに一回一回のコミュニケーションの場に応じて新しい切りこみ方を試み」ていた。その一方で、少年時代を職人や労働者の間で送り、青年時代にも農村で庶民的なコミュニケーション生活と接してきた彼は、「自らのなかに『平均的受け手』を持っていて、自分がこれから世間に対して行なおうとするコミュニケーションの受けとられ具合を、自分の中で、予備実験することが可能」であった。その結果、彼の作品は、「都会の民衆によって読まれ、農村の地主家族によって読まれ、また、女の人たちによって良く読まれた」という[32]。ルソーは次々と新たなメディア・ミックス、コミュニケーション様式の転用実験を繰り返しながら、次々とベストセラーを生み出す天才的著者であった。

内向的で時に攻撃的なルソーとは正反対のパーソナリティだが、やはり同時代のコミュニケーション環境をフルに利用したもう一つの例はディドロであった。ディドロの活躍が推進力となって編纂されたフランス百科全書は、「生産者としての編集者、執筆者、出版業者およびその下にある印刷職人、取締り者としての当局、反対者としてのジェジュイットを中心とする反動派、シンパサイザーとしての自由主義的傾向の人々、読者としての民衆、これらすべてのものの活動」を含んでいた。この多様性はかつてないもので、視点を項目執筆者に限定した場合でも、「執筆者の総数は 184 人、そのう

32　鶴見俊輔「ルソーのコミュニケーション論」鶴見俊輔著作集第 1 巻、416-417 頁

ち最年長者のファルコネは1671年生まれであり、最年少者のモルレは1819年に死んでいる」という世代的な幅をもった活動だった[33]。

つまり、200人近い執筆者の1世紀を超える活動を総合させたのが、フランス百科全書だったのである。しかも、これらの執筆者には、学者、著述家、編集者、僧侶などの「机上派」だけでなく、官吏や医師、軍人、徴税請負人、技師などから工場主、職人、印刷師、時計師、地図製作者などまでの実社会の現場の「実行派」が大量に加わっていた。実際、184人の執筆者のうち、「実行派」は98人で、「机上派」の67人を大きく凌駕していた[34]。

鶴見は桑原と共に、百科全書に多くの「現場」の実務家が加わった結果、机上派の役割にも大きな変化が生じた点に注意を向けた。彼ら物書き知識人は、「『百科全書』編集の方針設定を一手に引き受け、間接派（机上派）の活動なくしては孤立したままでいる直接派知識人（実行派）のあいだを飛脚となってあちこち歩いて、原稿を依頼してまわり、さらに、原稿と原稿のあいだに出てくるスキマをうずめる仕事をになった。このためには、普通に文士気質といわれる不規則性はぬぐいさられる必要が生じ、……ディドロのように執筆者と執筆者とのあいだをぬうて莫大な量の会話をする雑談的思想家が生まれた。また、編集の任にあたった人々が、執筆者たちとの連絡にあたって書いた莫大な手紙は、製品としての『百科全書』の一部ではないが、活動としての『百科全書』を考えるとき、その実に大きな部分を形成している。私たちは、『百科全書』のある巻のある頁を見るとき、これが氷山の水面に浮き出た部分に過ぎぬこと、この底に、いかに莫大な量の雑談と通信とがかくされているかを想

33　桑原武夫編『フランス百科全書の研究』岩波書店、1954年、27頁。同書のなかで中核をなしている百科全書プロジェクトの人間関係的側面についての分析（「第二章　百科全書における人間関係」）は、桑原と鶴見俊輔、樋口謹一という3人によって執筆されている。

34　桑原武夫編『フランス百科全書の研究』38頁

像してみるべきである。つまり、間接派知識人（机上派）は、それまでフランス思想界に存在していなかったところのコミュニケイション網を、直接派知識人（実行派）の間にはりめぐらしたのである」[35]。

こうした観点からするならば、フランス百科全書のネットワークとルソーの手紙文学が、同時代的なコミュニケーション状況のなかで生じていたことは明らかである。百科全書は、単なる出版事業ではなく、数百人という知識人を巻き込む文化運動だった。しかもこの運動では、執筆者全体の半数以上を実社会の現場で活動する実践者が占めていた。このような知的ネットワークのなかで、最終的に出版物に固定されるよりもはるかに莫大な会話と通信、討議が織りなされ、蓄積されていたのである。ディドロは単なる書物としての『百科全書』の編集者ではなく、このような幅広いコミュニケーションのネットワーカーであった。実際、ディドロは、おそらくこの点ではルソーとまったく異なって、運動のオーガナイザーとして卓越した能力を持つ人物であった。彼は、たとえばヴォルテールを動かすにはその名誉心に訴え、ダランベールに対しては、彼への金銭的報酬を増すために自分の取り分を削ろうとすらした。グリムにはグリム自身の仕事に親身に協力し、さらには『百科全書』を支える労働者が死んだ場合、本人の死後、家族の面倒をみてやりさえした。これは要するに人望というもので、このような人物の周りには、自然と才能ある人々が集まり、大事業に協力していくことになる。

### メディア革命のなかのアメリカ思想

以上のように、俊輔のコミュニケーション学的なまなざしが、ま

35　桑原武夫編『フランス百科全書の研究』39頁。この百科全書の水面下の集団的コミュニケーションの厚みへの注目は、この百科全書研究の主要メンバーの一人であった鶴見俊輔の洞察ではないかと推察される。こうした裾野の広い集団性への関心は、鶴見を中心メンバーとする思想の科学研究会の関心であり、同研究会のいくつかの共同研究を貫くものでもあった。

ず最も有効な対象としていったのは18世紀中葉のフランス啓蒙思想のコミュニケーションであった。しかし、同様の観点はアメリカ、とりわけ20世紀のアメリカ思想のコミュニケーションについても適用可能なはずである。こうして俊輔は、京大人文研から離れて1950年代後半になると、同時代のアメリカ思想について、コミュニケーション学的視点からの批判的な検討を始めていく。

その成果たる『アメリカ思想から何を学ぶか』(1958年)の考察を、俊輔はアメリカ思想のメディア的基盤について考えるところから始めている。電報、タイプライター、蓄音器、電話、テレヴィジョン、キネトスコープ、ラジオ、マイクロフィルム、トーキー、テープレコーダーなどいずれもがアメリカで発明・実用化されてきた。これらのメディアの発達は、アメリカ思想のなりたちと深く結びついてきた。19世紀までのヨーロッパで、思想はその場の聴衆に語られるか、書物に書かれるかであったのに対し、アメリカでは思想がタイプで打たれ、音盤やテープに刻まれ、ラジオで流され、映像に撮影される。「アメリカ人は、新しいコミュニケイションの網目に移され、自分たちの生活・思想がかわって行くのを見つけた」と俊輔はいう。20世紀のアメリカ人の「声は時を待たずして世界をめぐり(電話)、自分たちの会話をくりかえし自分できくことができる(録音器)。自分たちがばらばらに広大な土地にひろがりながら、ひとりの大統領のひとつの演説をきく(ラジオ)。手で文字を書く習慣は退化し、機械でたたき出す(タイプライター)」[36]。

このメディア変容のなかで、「読み物」としての新聞・雑誌は、「見る」新聞や雑誌に変化していき、マイクロフィルムのように「図書館全体を縮写してポケットに入れて歩ける」技術が発展していく。

36　鶴見俊輔『アメリカ思想から何を学ぶか』中央公論社、1958年、3-4頁

その結果、アメリカ人は本や雑誌の文字に目をさらすよりも多くの時間を、電子的文字や図像イメージに費やすようになる。このように、「二十世紀に入ってからアメリカにもたらされたコミュニケイション革命は、五千年前の絵文字、三千年前のアルファベット、四百年前の活版印刷の発明とならぶ大きな変化であり、その影響は、やがてはアメリカ精神のみならず人間精神の実質をかえて行く」。すでに、多くの通信手段と視聴覚技術が浸透し、コミュニケーションが機械化されることで、「アメリカの伝統の再編成が、現在、すすんでいる」。今日のアメリカ思想において、「宗教、芸術、科学、政治、広告、社交などのもつ比重は、五十年前とひどくちがう。あるコミュニケイションの様式は機械によって有利にされ、あるコミュニケイションの様式は機械によって不利にされつつある。私たちは、アメリカ文化を、流砂のごとくうつろいつつあるその変質のメカニズムにおいて理解しなければならない」[37]。

俊輔が指摘するのは、アメリカにおける宗教の変質である。新大陸の植民してきた清教徒たちに連なるアメリカ社会では、もともと地域コミュニティの小教会が大きな影響力を保持していた。しかし20世紀のアメリカでは、「ラジオ、テレヴィジョン、写真雑誌などを利用できる中央集権的な仕組みをもつカソリック教が、この二十年間に、より強固なものとなり、たとえばコクリン神父、マッカーシー議員のような扇動家のラジオ演説を通して、政治的反動への基盤を提供している」。メディアはたんなる伝達媒体ではなく、思想の構造そのものを変化させていく。今では「宗教それじしんが、マス・コミュニケイションの中にとけこみ、思想として変質」を受けるのだ。今日のアメリカの子どもたちは、かつてのキリスト教的な

---

37　鶴見俊輔『アメリカ思想から何を学ぶか』6頁

神話性から離れ、「ターザンとポパイとブロンディーの神話によって精神をつくられる。かつては村の教会に行くことによって祝われたアメリカの日曜日を、今日の老若男女は自宅でゆっくりねてから、色彩印刷された漫画をよんで祝う」[38]。同様の変化は、政治や文学から社交までの諸ジャンルにも生じていく。

俊輔は、これらの諸ジャンルの思想変化の基底には、広告の原理があるとする。広告は「諸分野にしみわたり、たとえば政治をアメリカ的なものとし、科学をアメリカ的なものとし、小説をアメリカ的なものとする力となっている。広告の原理を考えることは、アメリカ型コミュニケイション全体の特徴を考えることに手がかりをあたえる」。ここで鶴見俊輔は、「広告を設計するのは科学的思考であるが、広告の材料となるのは、主として、色と形と音」であり、したがって広告の言語は一方では20世紀の科学に、他方では近代以前の全感覚的コミュニケーションと結びついているという。すなわち、「十五世紀、グーテンベルヒの活字発明以来、文字を読む行為を通して、神経系統に働きかけるコミュニケイションが強く発達して来たのだが、二十世紀のアメリカでは、中世以前と似た仕方で、音楽や色や形に接する行為を通して、内分泌系系統にはたらきかけるコミュニケイションが発達した。アメリカの全土に満ちる広告は、ホルモン的コミュニケイションの多様な見本を提供する」[39]。

明らかに、俊輔のこの構図は、『グーテンベルクの銀河系』におけるマーシャル・マクルーハンの構図に似てきている。とはいえ、俊輔のこの著書が出されているのが1958年であるのに対し、マクルーハンの『グーテンベルクの銀河系』の出版は62年である（『機械の花嫁』は51年に出ているから、こちらからの影響かもしれない）。

38　鶴見俊輔『アメリカ思想から何を学ぶか』6-7頁
39　同書、21頁

恐れ入りますが切手をお貼り下さい

郵便はがき

101-0062

東京都千代田区
神田駿河台一の七

㈱弘文堂

愛読者カード係

| | |
|---|---|
| ご住所 〒 | |
| ご芳名　（　　才） | |
| ご職業 | 本書をお求めになった動機 |
| ご購読の新聞・雑誌 | ご購入書店名 |

## ―愛読者カード―

現代社会学ライブラリー

# 5 アメリカの越え方

①ご購読ありがとうございます。本書に関するご感想をお寄せ下さい。

②その他小社発行の書籍に関するご要望をお聞かせ下さい。

③他にご希望の出版物又は執筆者がありましたらお聞かせ下さい。
今後の出版活動の資料といたします。

おそらく、鶴見俊輔はマクルーハンやトロント学派の思想の重要性に早くから気づいており、彼らのメディア理論が、プラグマティズムと非常に近いところにあると考えていたであろう。

マクルーハンならば、この先に中世的な感覚秩序の再生、すなわち活版印刷により人々が視覚中心の世界に埋め込まれることで失ってしまった五感の織り成す宗教的共同秩序の復活を想像したのであったが、俊輔はむしろ、この新しいメディア状況は資本主義による思想の徹底的な均質化をもたらすとした。曰く、「アメリカ全土にはりめぐらされたマス・コミュニケイション網は、アメリカ人にたいして同一の話題と同一のステロ表現を配給している。こうしてアメリカ人は、イギリス人、フランス人、あるいは日本人よりも、はるかに均一の話題について均一の形容詞をもってかたることとなる」。マス・コミュニケーションが支配する現代のアメリカでは、ソローやエマソンの思想のような例外的個人の思想的影響力は力を失う。大規模な機械的システムとなったマスコミは、政府の方針と真っ向から対抗することはより困難になり、社会的価値の選択範囲を狭めていく。広大な大陸に散らばるアメリカ国民は、「世界に先んじてマス・コミュニケイションを発達させることによって、現在、一つの村落共同体にちかい精神形態をとりつつある」。ここにマクルーハンの地球村ならぬアメリカ村が出現するのであり、この思考の均質性から今日の米欧には大きな違いがある。

このような20世紀のアメリカ的コミュニケーション環境において、前述したルソー的なコミュニケーション実践は果たして可能なのだろうか。俊輔は一方で、今日、「二〇世紀なかばの世界は、一八世紀なかばの世界よりも、より切実に（ルソーのような）コミュニケーション・クリティックを必要としている」という。つまり映像や放送、かつての活字文化とは異なる次元に拡大していったコミュニケーション環境のなかで、20 世紀の思想家は「これらの諸手段の有機的なつながりを理解し、これらによってわれわれの思索がくるわされることのないようにする方法」を編み出していかなければならない。しかし、「二〇世紀なかばの世界と、一八世紀なかばの世界とは、コミュニケーション史的に異なった段階にある」ので、啓蒙思想家たちが直面していたコミュニケーション上の隘路は、20 世紀の隘路にくらべれば「箱庭的に見える」。

俊輔は、今日のコミュニケーション状況への思想的取り組みは、ルソーの時代とは異なり、①コミュニケーションの中身をなすところの思想や感情についての分析能力、②マスメディアに登場する様々なステレオタイプの批判的転用、③分化したコミュニケーションの諸様式を統合するのではなく、離したまま繋ぐような戦略が必要だという[40]。18 世紀半ばに比べてはるかに発達し、私たちの日常意識を遍在的に覆うにいたったメディア世界に、20 世紀、21 世紀のルソーやディドロはいかに介入していくことができるだろうか。

## 4. ディスコミュニケーションのプラグマティズムへ

### ディスコミュニケーションの発見

鶴見俊輔の思想で最も特筆すべきは、プラグマティズムから出発し、独自の仕方で深められてきた彼のコミュニケーション哲学が、やがて戦後日本の現実との対峙のなかで内在的な変容を遂げ、新たな知の地平に大きく転回していったことである。すでに本章の冒頭で、俊輔がリードやオーウェルの方法、すなわち原理に基づいて一定の認識枠組を対象の当てはめるのではなく、対象のなかに参入し、自らの立場を相対化させながら認識の枠組を織り上げていくような

40　鶴見俊輔「ルソーのコミュニケーション論」鶴見俊輔著作集第 1 巻、417-418 頁

方法を自らの指針としていたことを確認した。戦時から占領へ、そしてポスト占領へと向かう過程を日本の困難な状況のなかで彼が経験したことは、そのコミュニケーション概念をデューイのそれから分かち、旧来のアメリカン・プラグマティズムの理解を越えて深いものにしていく契機となった。まさにこの独創的深化のなかで、俊輔は「コミュニケーション」の思想家から、むしろ「ディスコミュニケーション」の思想家への転換を遂げていく。

すでに1950年代初頭、デューイの哲学を論じるなかで、俊輔はデューイのコミュニケーション概念が不徹底であることを批判していた。そのポイントは、デューイがコミュニケーションのなかに生じるディスコミュニケーションの契機を十分に考察していない点である。コミュニケーションが、複数主体の間で意味が共有されていくプロセスとしても、その意味が共有されること以上に重要なのは、共有されないこと、つまり意味が通じないことである。

実際、コミュニケーションが完全に成立するためには、送受の「両端をになう人びとがすべて、完全な訓練をもたねばならぬ」。つまり、送り手がいくら完全なコミュニケーションと成り立たせようと努力しても、「かれの通信をうけいれる側の人びとがすべてかれのごとくでなければ、かれの期待するコミュニケイションは行われ得ない」[41]。しかし当然、このような送り手と受け手の解釈コードの完全な一致など現実にはほとんどあり得ないから、コミュニケーションは常にディスコミュニケーションを伴っている。むしろ、ディスコミュニケーションのほうが、私たちが通常コミュニケーションと見なしている過程の常態である。

俊輔は、デューイの哲学が、過度にコミュニケーションを礼賛し、

41　鶴見俊輔『折衷主義の立場』筑摩書房、1961年、174-175頁

ディスコミュニケーションを軽視していることを批判する。なぜならば、コミュニケーション重視は、それが度を過ぎるとオーバーコミュニケーションによる同調圧力を生じさせ、集団から自立した個我を殺してしまいかねないからだ。ある集団のなかでコミュニケーションばかりが重視されると、それは成員間の意味の共有だけを促し、解釈コードを一元的に同調させてしまう。つまり、そうしたコミュニケーション礼賛は、「習慣の同一化をもその帰結の一部として礼賛する」。しかし、俊輔によれば、「ディスコミュニケーションが、人間の歴史の上でつとめる役割は、デューイが考えるよりもはるかに大きい」のである。これに続けて俊輔は、アメリカ哲学としてのプラグマディズムのコミュニケーション概念の限界を、次のように明確に言い当てている。

「生活水準のちがいによって、まったくことなった世界像がひらけることについて、アメリカ人であるデューイは、アメリカ以外の世界の人びとほどにはっきり気づかない。アメリカでは、国民の九十パーセントが中産階級と自分で信じていられるほど生活環境は同質的であり、そして安楽である。食べるに困る人、次の年の生計をいかにたてたらよいかについて見とおしをもちえない環境にある人びとにとって、デューイにとっての世界像とまったく異質の世界像が、いま世界各地でもたれているのだが、このことについて、デューイは理解しない。……階級間、民族間、男女間、夫婦間、国家間。人間が二人以上あるところには、かならずディスコミュニケイションが根づよく存在している。人間にとっての根本的状態は、コミュニケイションである以上にディスコミュニケイションである」[42]

俊輔はさらに、「ディスコミュニケイションをつねに悪とするデューイは、ディスコミュニケイションを除去する可能性についてきわめてのんきに、楽天的に考えており、理性的説得の方法に、主にたよることを主張している」が、この「願望は、願望にとどまる」と述べている。人間の価値観や世界像は根本的に多元的、抗争的なものであるから、ディスコミュニケーションを除去することは不可能である。私たちは、「この世界に当然あるディスコミュニケイションにたいして、もっと強くならなければならない」のであって、「コミュニケイションの皮にかくれたディスコミュニケイションをはっきり見つめ、この質と量を計算しておかなければいけない」のだ。こう俊輔が述べるとき、彼はディスコミュニケーションが必ずしも暴力や革命を招来するのではない可能性を求めている。むしろ、「コミュニケイションとディスコミュニケイションを両者のダイナミックな相互作用において、理解し、両者の現在の『均衡』状態をぼくたちみんなの利益にむかって一分なり、二分なり改良すること」が要請されているのだ。

### ディスコミュニケーションの「アメリカ」

コミュニケーションよりもむしろディスコミュニケーションを根底に認識を構築しようとするこの姿勢は、18 世紀半ばのフランス啓蒙思想ではある程度まで有効だったコミュニケーション学的な視点が、少なくともそのままでは 20 世紀世界について同じくらいに有効であるとは言えそうもないという隘路を打開する重要な糸口となる。実際、アメリカ社会はきわめて多様性の大きい社会であり、デューイが理想としたようなコミュニケーションによる調和など達

42　鶴見俊輔『折衷主義の立場』177 頁

成されない。デューイからすれば、そうしたことがわかっていたからこそ、コミュニケーションを強調することでバランスをとろうとした面もあったのかもしれない。しかし、20世紀半ばまでに、アメリカのコミュニケーションは、とりわけメディアのレベルで巨大企業化し、システム化し、画一化した。しかもそれは、私たちの五感をフルに動員していくことのできる能力を身につけるまでになり、コミュニケーションは社会が新たに生み出していく想像力の回路であるという以前に、むしろ人々の日常意識を一定の枠のなかに閉じ込めておく仕掛けとなりつつあった。こうしたなかで見出されていかなければならないのは、コミュニケーションよりもむしろディスコミュニケーションなのだという俊輔の主張は説得力を帯びている。

ここには明らかに、限界芸術論にまとめられていく思想と共通の認識地平を認めることができる。ディスコミュニケーションは、もちろん消極的にはコミュニケーションの拒絶、沈黙や無視、無理解を含むが、より積極的に意味のずらしや創造的な誤解を含んでいる。だから、「権力者がマス・コミュニケーションに登場させる諸記号、『自由主義』『民主主義』『公共の福祉』などは、権力をもたぬ被圧迫者諸階級によって、すこしずつずらして、その意味をとらえられる。たとえば、戦時中の『承詔必謹』『滅私奉公』『月月火水木金金』などは、日曜日は家にくつろいでいても心では『……』とでも、意味をずらして理解しないかぎり、大東亜戦争下の四年間をすごし得なかった」。

戦時中は、意味をずらして理解するのに、それぞれの小集団のオピニオン・リーダーが活躍したが、「ずらされた意味をさらにずらすのは、権力構造の最下部にある大衆個々人の才覚に、戦争時代には、ゆだねられていた」。こうしたなかで、「カエ歌という特殊ジャンルが、軍隊の内部において発生」する。さらに「国際的スケールにおいて打ちだされる政治的、道徳的、宗教的記号」にあっては、その意味するところは「帝国主義諸国の側にとってと、植民地諸国にとってと二つにぴたりと分かれる」。それだけではなく、さらに「一定の条件下における階級的利害の対立、衝突、妥協、転化、打倒の諸条件は、人間社会の多くの記号の意味の多重構造の中に入りこんでくる」[43]。要するに、積極的なディスコミュニーション、すなわち意味のずらしや置き換えは、語られた言葉の意味を、当初は想像もされなかったような方向に発生させる。このようなディスコミュニケーションの技術は、芸能の基本であると同時に、今日でも支配的な構造への大衆的な批評に不可欠な基盤である。

私たちにとってこのディスコミュニケーションの観点がさらに重要なのは、日本から「アメリカ」をまなざす方法にもそれが適用されるからである。俊輔は、日本人が戦中・戦後を通じて虚像としての「アメリカ」を、あるときは一方的に否定の対象とし、あるときは一方的に理想として想像し続けてきたという。とりわけ「日本の知識人がアメリカについて最も確乎とした虚像をうちたてたのは、一九四一年から四五年にかけてである」。この時代、保田與重郎のような左翼からの転向者も、伊藤整のようなモダニズムからの転向者も、声高に「アメリカ」を否定の標的としていった。当時は、知識人の意識の底に潜む「西洋」への「劣等感をきりかえて、逆の方向に走らせ、民族的優越感として用いることが、昭和一〇年代における虚像建設の原動力」であった。そして敗戦は、この同じ「虚像建設の原理をもう一度、劣等感におきかえた」。

その結果、明治の「文明開化」や「殖産興業」を再演するかのような「西洋＝アメリカ」の虚像が蔓延していった。他方、サンフラ

43　鶴見俊輔『折衷主義の立場』191 頁

ンシスコ講和条約が発効する52年以降に、左翼勢力を中心に反米主義が再浮上してくるが、そこで語られる「アメリカ」は、かつて戦時体制において語られた「アメリカ」と実によく似ていた。つまり、戦中のファシズムと戦後の共産主義は大きくその目的を異にするのだが、「アメリカ」の語りに関する限り、両者の間には著しい類似がみられたのである。この時代、「国民科学」「国民文学」といった言葉が頻繁に用いられたが、そこでは左翼主義と民族主義の安易な結合が大衆動員に有効に機能していた[44]。

このような戦中、戦後を通じた虚像としての「アメリカ」の否定や受容のなかにディスコミュニケーション的契機は存在しない。戦中の民族主義も、戦後の共産主義も、ともに自らの原理を絶対のものとして立てて「敵としてのアメリカ」を拒絶した。これに対し、戦後日本の支配的意識は、アメリカと同一化することで自己を回復しようとし、やがてアメリカは「若い世代にとっては、自分たちから切りはなされた対抗者としてとらえにくく」なっていった。俊輔が指摘するように、前者が構築したのが虚像であるだけでなく、後者の「アメリカ」も「より実像的であると言うことはできない。この感じ方もまた、アメリカの日本占領のからくりをしっかりとらえていないと言う意味で、これまた虚像への反応」なのだ[45]。「アメリカ」がこうした虚像にとどまる限り、日本社会と「アメリカ」との間にディスコミュニケーションは生じない。理想化された「アメリカ」は消費され、敵視された「アメリカ」は異物化される。ディスコミュニケーションが生じるのは、そうした表層だけの受容や排除ではどうにもならない具体的な他者として、私たちの日常が「ア

44　鶴見俊輔「日本知識人のアメリカ像」鶴見俊輔著作集第2巻、筑摩書房、1975年、315-321頁
45　同書、321頁

メリカ」に直面する瞬間においてである。

## 大東亜共栄圏からアメリカン・ヘゲモニーへ

俊輔の立場からするならば、たしかに占領期の諸々の経験は、彼が日本からアメリカをまなざすときの新たな認識の一つの基盤となっただろう。しかし前述のように、俊輔は占領を相対的には「見事な占領」であったと評価していたわけで、占領政策に直面しただけで彼のアメリカ認識が大きく変化したとは思えない。むしろ、俊輔にとって内なる「アメリカ」が、本気で戦わなければならない巨大な相手となっていったのは、占領が終わった1950年代半ばから60年代にかけての原水爆禁止運動や反基地運動、そして安保闘争を経てベトナム反戦運動に至る社会運動での経験を通してだったのではないだろうか。たとえば原水爆反対運動への参加から学んだことについて、俊輔は後に次のように書いている。

「(日本人が) 原爆投下の意味について考えてゆくのは、おそかった。年表で見ると、米軍占領の終わった後の昭和二七(一九五二)年八月六日に、『アサヒグラフ』が原爆被害写真を初公開したとある。五十二万部が即日売り切れたそうだ。私は、五十二万人の一人として、その写真を見てそれまで自分がぼんやりともっていた地図をうちくだかれた。昭和二九年のビキニの原爆実験での日本人船員の被爆と海の汚染に抗議してはじまった原水爆反対運動に私はそのころいた大学の職場をとおして参加した。責任をもった仕事をしたことはなかったが、この運動をとおして読んだこと見たことは、アメリカ合州国というものにたいする自己教育になった。戦争中を私は自分の留学当時に学んだ価値基準に固執してくらしたが、戦後の占領時代とそのあとの準占領時代に、日本をはなれることなく、米国について学んだことは留学によって学んだことにまさっている」[46]

いうまでもなく、戦後日本人が被爆の意味を考えるのが遅れたのは、占領期に米軍が、原爆についての報道や映像の流通を厳しく検閲・禁止していたからである。その分、1952 年、占領が終わると同時に次々に公開された映画や写真で広島や長崎での被爆の実態が語られていったことは、同時代の意識に大きなインパクトを与えた。ビキニ環礁での第五福竜丸のさらなる被爆は、そうした流れのなかでの出来事であり、これはたしかにアメリカの暴力が、多くの日本人に衝撃的な仕方で見えていった瞬間だった。俊輔のいうアメリカによる「準占領」は、50 年代で終わることなく、72 年の沖縄返還後も、90 年代初頭にヨーロッパで冷戦が終了した後も、2012 年の現在においても続いている。しかし、この 50 年代ほどに「アメリカ」について日本人が真剣に考えさせられたことは、これ以後は一度もないのである。

それでは占領期からポスト占領期にかけての占領者アメリカとの対面を通じ、俊輔には何が見えてきていたのだろうか。再び、俊輔のテクストに戻るならば、彼はこの頃の彼自身のアメリカについての認識の変化について、次のような注目すべき発言をしている。

「戦争の終わりまで、米国にいる時にも日本軍の内部にいる時にも私は米国流の考え方の陰にいたが、占領の下で、いくらかずつ日本政府の言う『大東亜戦争』を考えなおす気ぐみになってきた。といっても、『大東亜戦争』の立場が正しいと思われてきた

46　鶴見俊輔「私の地平線の上に」『私の地平線の上に』鶴見俊輔集 8、90 頁

というのではない。むしろ、米国が朝鮮、中国などに対して戦後にとった政策が、敗戦前に日本がこれらの国々にたいしてとった政策をうけつぐもののように感じられてきたからで、『大東亜戦争』と（とくに朝鮮戦争以後の）占領軍のアジア政策とは連続的なものに感じられ、その両方をつきはなして見るところまで出てゆきたいと思うようになった」[47]

占領及びポスト占領（準占領）の時代を通じ、世界が冷戦により構造化されていくなかで、戦後日本はアメリカの覇権構造の内部に自らを位置づけていく道をとった。1940年代末から50年代にかけての国際状況において、これは半ば否応ない選択であり、敗戦の時点で、すでに他の選択肢はかなり困難であった。そしてこのプロセスは、国内的には民主化や旧支配層のある程度の解体を伴っていたが、アジア全体で見るならば、敗戦までの日本と朝鮮半島、中国大陸、南洋諸島の関係が、アメリカとこれらの地域の関係に引き継がれ、同じような構造が再生産されていくことを意味していた。

この戦中までの日本の東アジア支配から戦後のアメリカの支配への連続性に、すでに50年代の時点で俊輔は気づき始めていたようだ。そのような認識からするならば、「戦中」と「戦後」は、深いところで連続しているのだから、一方に立って他方を非難することでは何の解決にもならない。必要なのは、東アジアにおける連続的な植民地体制＝冷制体制の長期にわたる構造としての「日本＝アメリカ」の支配全体を相対化する視点である。

すでに1948年、俊輔の祖父・後藤新平とも深い交流があったチャールズ・A・ビアードは、その遺著となる『ルーズベルト大統領

47　鶴見俊輔「私の地平線の上に」『私の地平線の上に』鶴見俊輔集8、95頁

と1941年の開戦 *President Roosevelt and the Coming of the War 1941: a study Appearance and Realities*』（邦題『ルーズベルトの責任』）において、太平洋での日米開戦が、米国側から周到に日本に仕掛けられたものであったことを多くの公的資料に基づき明らかにしていた。日米開戦を最も必要としていたのは、日本側よりもアメリカ側、とりわけルーズベルト大統領であった。ビアードによれば、ルーズベルトは1940年の大統領選挙の公約で、米国が「攻撃された場合を除いて、外国との戦争に参加することはない」ことを約束していた。この約束はその後も繰り返されたから、米国が第二次大戦に参戦するには、どこかの国から攻撃される必要があった。そして米国の参戦は、この大戦におけるドイツと他のヨーロッパ諸国との戦力バランスを決定的に変化させ、ヒットラーの敗北を確実なものにすることがわかっていた。他方、太平洋においても米日の国力の差は歴然としていたから、日本が日米戦争に勝利する可能性などそもそもなかった。これらを十分に計算していたルーズベルト政権は、その極東政策をより強硬なものにし、日本が文字通り「窮鼠猫を咬む」式の見通しのない開戦に踏み切る条件を整えていった。

日米戦は、日本が開戦を回避することに失敗した時点で勝負がついていたのである。それどころかこの開戦により、太平洋全域が米国の覇権下に入ることも決定的となり、日本が暴力的に作りあげた東アジアの帝国も、ほどなくアメリカの影響圏に組み込まれていくことが確定した。この戦争は、アジア全土と日本各地に悲惨な結末をもたらしたが、冷徹な目からするなら、東アジアにおける日本帝国の権力が、その崩壊を経てアメリカの覇権秩序に組み込まれていく過程の一部であった。

## 「アメリカ」をどこから読み直すか

俊輔のような最も鋭敏な洞察眼を持っていた人物でも、この連続性に気づくのは戦後、占領期からポスト占領期にかけてである。そしてこの時期、俊輔と同じような認識に到達していた者は、ごくわずかであったと推測される。少なくとも1960年代まで、多くの日本人にとって、「戦前」と「戦後」は画然と異なるものであり、両者の間にあるのは連続ではなく断絶であると考えられていた。そうした認識が少しずつ変化し始めるのは、やはり60年安保からベトナム戦争へ、そして沖縄返還へという流れのなかで、戦後日米関係の最も深い所にある抱擁の構図が何度か瞬間的に浮かび上がって来ることを通してであったように思う。

戦前・戦中と戦後は連続している――。つまり日本の帝国主義は、太平洋を挟んで最も敵としたくはなかったはずの米国と正面衝突せざるを得ない羽目に陥り、当然の敗戦を経て、アジア諸国のなかでも最も深くアメリカを内面化し、これに自発的に従属する社会を生みだしていった。この逆説的な結末は、おそらく当初、ルーズベルトが期待していた以上の戦果であり、日本はもはや、その国土、とりわけ沖縄から米軍基地が消えてなくなる日のことを想像することすらできなくなっており、また日本の帝国支配の崩壊過程で東アジアに残された傷痕や副産物、とりわけ朝鮮半島の南北分断は、アジアが本格的にポスト冷戦時代に入るのを今も妨げている。

つまり、東アジア（東北アジアと東南アジアの両方を含む）の20世紀は、その前半は「日本」の拡張に、その後半は「アメリカ」の拡張に左右されてきた。そしてこの「日本」と「アメリカ」の間には連続性があり、大日本帝国はやがてアメリカン・ヘゲモニーへと継承されていく。おそらく鶴見俊輔は、この連続性に最も早くに気づいた一人であったが（吉田茂も、両者の連続を戦中から模索していた)、そうなってくると、連続する二つの支配の「両方をつきはなして見るところ」はいかにして獲得されるのかという問いに答えていく必要がある。俊輔が『アメリカ思想から何を学ぶか』から約10年、『アメリカ哲学』から約20年を経て1971年に出す『北米体験再考』は、この問いに答えようとした著作であるともいえる。

この本は、戦中、俊輔が下宿で逮捕されて移民局に拘留されるときの逸話から始まり、戦後の狂信的な赤狩りのなかで自殺に追い込まれていったマシースンを取り上げることで、アメリカのなかのエマソン以来の民衆主義的な知的風土を探り、さらに1960年代の先住民の権利擁護や黒人運動の活動家たちについて論じていく。狙いとしては、エマソンから黒人運動家クリーヴァーまでを同じ地平のなかで考えようとしているのだが、どちらかというと記述が伝記的になされているので、これらすべてを共通の地平に置くことの意味が読み取りにくい。それにもかかわらず、俊輔のこの本における問いは、「黒人、インディアン、南米諸国民から北米を見るという視点」を育てていく回路を探ることに向けられている。

ハーバード大に留学していた当時、俊輔は「黒人が北米についての私の視野の構造を照しだす視点になるということ」を想像してみることができなかった。『アメリカ哲学』を書いたころの俊輔は、ブラック・アメリカンにとってのアメリカ哲学とは何か、彼らからしたプラグマティズムとは何かということを考える視点を欠いていた。ところが60年代末からの運動の季節のなかで、俊輔はアメリカの黒人運動が、ウィリアム・ジェイムズの言葉を自分たちの運動のスローガンのなかに組みこんでいることを知って驚いたという。黒人運動家たちは、フランツ・ファノンの思想までをもアメリカン・プラグマティズムの系譜の先に置いていた。それを受けて俊輔は、60年代のアメリカのマイノリティ運動のなかに、「かれらの抑圧された経験の中から自分の権利を見出してゆく方法に、今日の私にとってもっと重大なプラグマティズムがあらわれている」[48] と語っていた。

俊輔が主張するところでは、これらの運動を進める「スニックも、黒豹党も、何かの書物にある主張を固定した法則としてたてて、状況を判断する尺度とすることをしない。自分の経験から見て重大だと思える行動を誰かが起こした時には、そこに集まって助けひろげるという形で運動を進めた」。それらは、「それぞれのローカルな行動からよりひろい意味をひきだす行動によって支えられてよりひろい行動の形に変形されていく」点で共通している。こうした方法は、本章の冒頭で触れたリードやオーウェルのものでもあったし、やがて次章で論じるベ平連のスタイルともなっていくものだ。俊輔のプラグマティズムは、これらすべての実践や運動に通底している。つまりそれは、第一に分析的である以上に実践的なものであり、第二に調和的である以上に闘争的なものである。別の言い方をするならば、俊輔が実践し、思考していったプラグマティズムとは、1950年代、60年代の運動や闘争のなかで鍛えられていったディスコミュニケーションのプラグマティズムなのである。

### ディスコミュニケーションとしてのアジア

ディスコミュニケーションへの注目は、決してアメリカとの関係だけで完結しない。アメリカ社会のマイノリティに関心を向けていけば、当然、アジア諸国の人々との関係が浮上してくる。とりわけ日本の帝国主義からアメリカの覇権構造への連続は、日本と朝鮮、中国、東南アジアとの関係を改めて問題にさせる。

48　鶴見俊輔『北米体験再考』168頁

たとえば日中関係について俊輔は、近代における「日中文化交流史は、コミュニケーションの歴史であるよりもディスコミュニケーションの歴史として記述されるほうが適切」だと論じた[49]。このことに、魯迅や郭沫若、郁達夫のような日本に留学した中国人たちは早くから気づいていた。しかし同時代の日本人は、日中の文化が「同文同種」であるとの錯覚から抜け出せず、日中間のディスコミュニケーションの重層性に目を向けなかった。ようやく戦後、竹内好や武田泰淳がこの「同文同種」のからくりに気づき、そこに絡めとられてきた無自覚なディスコミュニケーションを問うていく。竹内や武田は、たとえば「革命」について日中の知識人が語るとき、この同じ言葉がどれほど異なる意味の広がりを抱え込んでいるかを示した。これらは、「ディスコミュニケーションの存在をたえず新しく明らかにしようとする方法」である。こうして他者と自己の間のディスコミュニケーションを顕在化させていくことが、俊輔の考える新しいコミュニケーション論の基盤となる。

このディスコミュニケーション論は、「日本人の世界の見方をかえるいとぐち」になると俊輔は考えていた。彼は、金達寿の『玄界灘』を取り上げながら、この小説を読んでいると「日本人が普通に日本語に託している連想をくりかえしうちやぶられる」と語る。というのも、「ある民族が他の民族を植民地化する場合、植民地化する民族の言葉が、植民地化される民族にとってもつ意味は、植民地化する民族に属する人びとにとっては、自覚にのぼせにくい」[50]。ディスコミュニケーションは、相対的に劣位に置かれた者からのほうが気づかれやすく、そこに異なる意味の地平も築かれやすい。近

49　鶴見俊輔「日本人の心にうつった世界諸民族」鶴見俊輔著作集第 2 巻、筑摩書房、355 頁
50　鶴見俊輔「日本人の世界の見方をかえるいとぐち」鶴見俊輔集 11、筑摩書房、1991 年、256-257 頁

代日本人は、戦前はその帝国主義的拡張のために、戦後はそのアメリカへの一方的な依存のために、ディスコミュニケーションについて鈍感な人びとであり続けた。こうした特徴は、この国のマスコミ報道などに顕著に表れているが、在日韓国朝鮮人の作家や中国人作家が日本語で書く文学は、そのような人びとの鈍感さに異化効果をもたらし、日本人の世界の見方を多少なりとも変えていく可能性を含んでいる。

俊輔のこうしたディスコミュニケーション論には、ある反抗の思想が内包されている。俊輔は、近代日本人が「世界を一つの文明の教室のように考え、その中で自分の順位を末席のほうから上位にむけて進めてゆこうとする」秩序感覚に囚われ続けてきたという。そのために、自らの「国力が増すにしたがって、この文明を日本の外のアジアに及ぼしてゆこうという考え」にも囚われてきた[51]。欧米が日本にした「文明の強制」を、日本はアジア諸国に対してすることで、「教室」を強化し続けたのである。そして、この「教室」は戦後になっても、新たに担任となったアメリカのために、日本が従順な優等生役を演じることで維持された。

俊輔が若い頃から反抗し続けたのは、まさにこうした「教室」の桎梏に対してであった。少年期、俊輔はこの「教室」から逃走し、やがてアメリカまで逃れると、「教室」に復讐する準備を整えていった。彼は戦争末期に「教室」どころか「監獄」のような軍隊に組み込まれたが、自己を偽りながら「教室＝監獄」への反抗の牙を鋭くし続けた。そして戦後、新たに赴任した担任たる占領者に従うこともなく、稀有な深さと複雑さを備えた思想的反抗者となっていった。したがって、俊輔においては、彼が憎む「文明の教室」への反

51　鶴見俊輔「日本人の心にうつった世界諸民族」鶴見俊輔著作集第２巻、345頁

抗の意志と、その理論的な武器としてのディスコミュニケーションのプラグマティズムが構造的に結合している。

このような俊輔にとって、「教室」への反抗の仕方を教えてくれる師は、「教室」を支えてきた体制の周縁ないし外側にいるはずであった。それがたとえば在日作家たちの作品であったのだが、俊輔はまた、米軍の侵略攻撃と戦い続ける「ベトナム人民の姿は、われわれよりも困難な状況の下でわれわれよりもねばりづよくたたかう人びととして、われわれより先を歩く人びとに見えてきている。（ベ平連で活動した）五年ほどの間、デモをしたり、坐ったりすることをくりかえして、われわれが何を手に入れたかと言えば、その自己教育だと思う」とも語っていた[52]。俊輔の思考において、この「ベトナム人民」は、滞米中に彼が出会った「下宿屋のおばさん」とも重なり、さらに彼が収監されていた収容所で出会った人びととも通底していたはずである。在日作家たちとベトナム人民とアメリカの市井の人びとは、「教室」的な価値とは異なる価値を共通に息づかせているはずだと、俊輔はどこかで信じていたのではないか。

ここまで来て私たちは、本書の冒頭で触れたように、俊輔が良行の「アメリカ」とのかかわりには、自分よりも百歩も先まで歩いたところがあると述べていた理由が、おぼろげながらわかるような気がしてくる。俊輔が構想するディスコミュニケーションのプラグマティズムの主体は誰か――。1950年代末から60年代にかけての俊輔の認識地平の転換が、とりわけベ平連への参加に促されていたことが示唆するように、ディスコミュニケーションのプラグマティズムの主体となるのは、一部の知識人ではなく、まさに「ひとびと」でなければならなかった。しかもこの「ひとびと」は、朝鮮半島や

52　鶴見俊輔「日本人の心にうつった世界諸民族」鶴見俊輔著作集第2巻、354頁

ベトナムの人びととの感情とどこかで結びついた存在だった。
鶴見が構想したディスコミュニケーションのプラグマティズムの主体とは、こうしたかつての被植民地と戦後日本人をつなぐものでなければならないのである。そこに通底するのは、抑圧者に対する抵抗の精神である。こうした主体についてのイメージを、俊輔は文学や運動の経験から構想していたのだが、良行は実際にフィリピンやインドネシアの密林に入り込み、そうした人びとの生活に直接触れていく道を進んでいった。つまり、俊輔が「われわれより先を歩く人びと」だと評した「ベトナム人民」に、良行はずっと近いところまで進んだのである。俊輔の想像を、良行は実践していたのだと言えるかもしれない。それではこのような両者の百歩の距離の間で、良行はいったい何を見出したのか。――次章では、良行と「アメリカ」との関係をテーマにこの考察を進めてみることにしよう。

# 第3章 良行の越境

## 1. メディアからの出発

### アジアを歩く理由

さて、本書の冒頭で、私は鶴見俊輔が良行の「アメリカ」について、彼が自分よりも百歩も先まで歩いたと述べていたことに触れた。本書はこの俊輔が考える良行との間の「アメリカ」をめぐる「百歩」の差について考えるところから出発し、鶴見祐輔、和子、俊輔それぞれの異なるアメリカとのかかわりについて考察してきた。新渡戸稲造の愛弟子で、「自由主義者」でもあった祐輔は、その政治思想と家庭生活の両面で「アメリカ」をあからさまに志向していた。その政治的転向により思想的一貫性が著しく損われた後も、家庭では彼は「アメリカ」を演じ続けた。それはある意味で、戦後日本人の大衆的アメリカニズムを先取りしていた。

和子はこのような父親を人間としては赦しつつ、その思想においては天皇制からもアメリカによる占領からも解放される変革主体が生まれることを希求し続けた。彼女はパール・バックと中国民衆の関係を、自分と日本大衆の関係に比すところから出発し、生活記録運動への深い関与によって戦後女性が社会変革の集合的主体となる可能性を模索した。そしてやがて、柳田國男と南方熊楠の思想から地域社会の基層にポストコロニアルな変革主体の可能性を垣間見るようになる。他方、鶴見俊輔は「アメリカ」を、日米戦争中には「友」とみなし、戦後、占領が始まってからは「敵」とみなすようになった。より正確に、俊輔にとって「アメリカ」が、本気で戦うべき巨大な相手となっていったのは、原水爆禁止運動や安保闘争を経てベトナム反戦運動に至る経験を通してだった。これらを通じ、俊輔は、戦中までの日本の東アジア支配から戦後のアメリカの支配への連続性に気づくようになった。「戦中」と「戦後」は、深いところで連続しているのだから、一方に立って他方を非難することでは何の解決にもならない。俊輔は、この連続性のなかでの日米関係や日本とアジアの関係を理解するために、コミュニケーションよりもディスコミュニケーションの考え方を導入していく必要を主張した。

以上のような検討を経て、再び本書冒頭の問いに戻るべきときが来たように思う。――鶴見良行において、「アメリカ」という問いはどのような展開をみたのだろうか。もちろん、多くの人は、鶴見良行を『マングローブの沼地で』や『ナマコの眼』の著者として、私たちをアジアへ誘ってくれた知的水先案内人として知っている。また多くの人は、彼を鶴見俊輔の従兄弟として、つまり和子に俊輔、良行と、戦後日本の批判思想の水脈に多大な知的影響を与えてきた家系の一人としても知っている。さらに良行がアジアを踏査しながら残した大きな仕事もしばしば論じられてきた。しかし、そのようなアジアへの歩みの根底に「アメリカ」という問いが横たわっていること、とりわけ戦後日本のなかでベトナム戦争をどう受けとめ、アジアにおける「アメリカ」をいかに考えていくかという問いなしには、彼のアジア学があり得なかったことは、これまで十分に深くは考えられてこなかった。また良行が、思想の科学研究会のなかで、メディア論への関心を示しながらも、それを展開しきらなかったことについても現時点から考え直してみる必要がある。

鶴見良行はなぜ、ある時からアジアを熱心に歩き始めたのか。そこで彼が何を見てきたのかだけでなく、そもそも彼はなぜそのような問いを発したのか。そのようにアジアに深く歩んでいくなかで何がやり残されたままなのか。これらの問いを考えることは、戦後日本の思想的実践において、縦軸では「思想の科学」的なものと「ベ平連」的なものの接点を探り、横軸では「アジア」と「アメリカ」の結合と離反を浮かび上がらせていくことでもある。

鶴見良行は、和子や俊輔とは母方の従弟で、1926年、アメリカのカリフォルニア州ロサンゼルスに生まれている。父は外交官だったから、少年時代はアメリカ、満洲などで暮らし、戦争中は日本にいたが、それでもアメリカとの二重国籍を戦後まで持っていた。つまり彼は、その人生の出発点において「アメリカ」の内側で人格形成を遂げている。鶴見俊輔は、青年期をアメリカで過ごしたとはいえ大学と下宿の往復の毎日だった自分と、「こどものころオレゴン州ポートランドにいて、小学生同士のやりとりをした経験をもつ」良行のアメリカ経験の違いについて触れている[1]。俊輔の理解が正しければ、良行は俊輔以上に人格形成の基層においてアメリカ的な身体を身につけていたのかもしれない。良行において、「アメリカ」は存在の原点であり、手ごわい敵でもあり続けたのではないか。そのような良行がベトナム戦争を契機に改めて「アメリカ」と正面から対峙することになり、やがてアジアを歩き始める。この軌跡には、戦後世界のなかで構造的に不可分な関係をもつ「アメリカ」と「日本」、そして「アジア」をいかにすれば同時に問うていけるかについての実践的な可能性が示唆されている。

### 映画・ラジオ論から写真論へ

1950年代、鶴見良行はメディアについて語るところから出発し

---

1　鶴見俊輔「解説　この道」『出発』鶴見良行著作集1、1999年、みすず書房、295-297頁

ている。1949年から50年にかけて、若き良行が初めて活字にした論文は、クラカウアーのハリウッド映画分析に準拠した映画論であった[2]。いまだクラカウアーの紹介の域を出るものではないが、映画を芸術的な表現としてよりも、大衆の日常的な思考の表れとして捉える論の骨格には思想の科学研究会の影響が顕著に認められる。そのような大衆文化論的関心が、宮本武蔵でもなければ流行歌でもなく、ハリウッド映画と結びき、しかもそこでの他者表象の変化を論じていくあたりに、すでに「アメリカ」を深く内在させていた良行の特性があるというべきだろうか。

続いて52年には、良行はラザースフェルドらによる40年代のラジオ調査を参考にしつつも、戦後日本人の日常意識のなかで「ラジオ」への信頼が「新聞」への信頼に勝っているという注目すべき事実に眼を向けている。51年、良行らが東京多摩で調査したところでは、人々は実際には新聞から得た情報でも「ラジオで聞いた」と認識していた。この傾向は、当時、日本の一般大衆のレベルでは、「メディアから聞く」接触パターンの方が、「メディアで読む」というパターンよりも、ずっとなじみがあると感じられていたことを示唆している。「耳」の文化は、未だ「眼」の文化にその首座を明け渡してはいなかったのか。それとも人々は、「国」の声であるNHKのほうが、「民」の文字の朝日や毎日、読売よりも信頼に値すると考えていたのか。いずれにせよ良行は、話し言葉の書き言葉に対する優位とラジオの娯楽性という二つの要因を抽出している[3]。クラカウアーのときと同様、ここでも良行を単なるアメリカの新理論の紹介者にとどまらせなかったのは、大衆の慣習的思考のレベルから考える思想の科学研究会の視点である。とはいえ、こうした視点の

2　鶴見良行「ハリウッドと『冷い戦争』」鶴見良行著作集1、3-10頁
3　鶴見良行「放送の信頼され方について」同書、11-16頁

展開の仕方で、いまだ良行の議論は同研究会の視座の応用にとどまり、従兄弟の俊輔のような奥行きを獲得してはいない。

50 年代、良行が俊輔らの思想の科学研究会の影響圏を越えて、独自の思想的深化に向かう可能性は二つあったように思われる。第一に、映画でもラジオでも、大衆小説や流行歌でもなく、良行は 50 年代初頭から凝り始めた写真についてのより本格的なメディア分析を展開しつつあった。鶴見良行はこの時期、一方では御真影を、他方では家庭アルバムを論じながら両者をつないでいく。57 年、彼は自らの写真論の方法序説的なドラフトを示しているが、ポイントはここでも受容者の側にあった。良行によれば、同時代の写真雑誌が相手にしているアマチュア写真家たちの外側には膨大な写真の「受け取り手」がいる。しかも、日々新聞が印刷している写真は数十億枚に及ぶ。そのような膨大な数の日常的に流通している写真イメージをしなやかに批評する方法を、良行は探究し始めていた。

この時期の良行の写真論の手つきには、同時代のロラン・バルトを連想させるものがある。実際、彼は写真の意味を、外延的な対象との関係を示す「再現的意味」と写真に撮られることによって生じる「表現的意味」、それに写真家が表現しようとした「主題的意味」の三つの位相に分け、そうした意味の多層性をイメージの生産と消費のなかで考えようとするのだが、これらはバルトが早いころに論じた神話作用の諸次元、あるいはイメージの構成要素としての言語的メッセージ、外示的イメージ、共示的イメージの諸次元とも通底している。とはいえ、良行はこの時点で、同時代のバルトが示すような構造分析の諸概念を手にしているわけではない。実際、有名なパンザーニの広告をはじめとする記号分析においてバルトが照準したのは、イメージと言語の複雑な関係だが、そのような観点は良行の写真論では十分に展開されていない。良行がむしろ注目していくのは、写真イメージとそれを受容する人々の慣習的行動との関係であって、写真イメージと言語の関係ではないのである。

こうして良行は、御真影から家庭アルバム、広告のアイドル表象までのイメージの構造的関係を、すでに俊輔について論じたのと同様の意味でのコミュニケーション論の問題として考えていこうとする。バルトなどの場合と同様、このコミュニケーション論の軸をなすのは「記号」の概念である。しかし、同時に良行は、自らのコミュニケーション論の問題構制の中心に「記号の問題としての天皇」というテーマを据え、「御真影」から「人間天皇」への連続性を問うていくので、この議論はおのずから〈記号の政治学〉といった様相をまとうことになる。やがて、多木浩二がこうした観点をより自覚的に追究した『天皇の肖像』を発表するが、良行の試みはその30年も前のことであった。管見の限り、近代天皇制の問題にはっきりと記号論的なアプローチを導入した作業としては、1950年代の良行の写真論は圧倒的に早い。

### 写真イメージとしての天皇

ここで良行が問いの出発点に据えたのは、「国民すべてを戦争に追いこんだひとつひとつの事態が究極的には天皇というたった一語の権威によって正当化されたのであったにかかわらず、天皇は何ひとつ戦争の責任を負いはしなかったという事実」と、「戦後の現在天皇は『人間』として国民多数の親愛の対象となっているという事実」の間の「つながりの問題」である。自らの重大な戦争責任をことごとくうやむやにした天皇裕仁と、戦後日本人の間での「人間天皇」としてのイメージの再構築との「つながるべきでなかったつながり」を解きほぐすには、天皇がいかなる「記号」としてこの国の集合的な意識のなかに成立してきたのかを明らかにしていかなくてはならない。そして、このような記号の最も具体的な表れが、たとえば御真影から新聞紙面や週刊誌上の皇室写真までの天皇をめぐる写真イメージなのであった。

鶴見良行が見抜いていたのは、近代日本において、御真影が「単なる話の内容を意味する記号としてつかわれているのではなく、ある内容の話を相手に語りかける記号の主体者を意味する記号として成立」してきたことである。御真影の第一次的な機能は、何らかの特定のイデオロギーや教理のシンボル化ではなく、むしろ「国民に向かって能動的に語りかけようとする天皇の動機そのもの」であった。天皇の肖像は、イメージの共示的意味をあいまいにさせたまま、一人ひとりの臣民＝主体を呼び出し、自発的に服従させていく。

この「語りかけ＝主体の召喚」は、天皇がいかなる歴史的、社会的文脈と結びつくことも排除した超歴史的な仕方で真正面から人々をまなざしていく構図にも巧妙に表現されていた。良行が指摘したように、「戦前、横向きや笑顔の天皇の写真は、検閲当局によって強く忌避された」。横向きの天皇は、第三者的に「垣間みられた天皇」を示すからである。これに対し、「天皇を第三者として眺めえないということは、天皇が国民に対して『汝！』と呼びかけるものであり、天皇と国民とのコミュニケイションの図式における限り、そこには永久に『我』と『汝』の直線的な結合のみがあって、天皇にとっても国民にとっても第三者である『彼』は、存在しなかったことを意味している」[4]。

やがて構造主義は、このように主体を召喚していく権力の作動についての緻密な理論化を進めていくことになろう。しかし、良行はすでに50年代、臣民＝主体を召喚していく「天皇＝記号」の権力が、

4　鶴見良行「御真影から人間天皇へ」鶴見良行著作集 1、102-103 頁

「いったん成立しさえすれば、後は一種の自動性をもって働く仕組み」であったことを看破していた。しかも、この権力工学を可能にする条件は、「天皇と父というイメージがとけあって一つのものとなり、国民にとって親しみやすい身近な権威として成立」させる感情の構造にあった。「天皇の分身として奉拝を要求された御真影は、家々の仏壇や神棚の奥の父母、祖父母の写真と論理的に対応するもの」として受容されたのである。こうして天皇の超越的なまなざしが家族主義的な親密感のなかに深く取り込まれると、御真影を媒介にした二者関係は、「自己」と「他者」の関係とはなり得ずに、「すべてをひっくるめて融かしてしまうような『われわれ』の一部分」となっていった[5]。

このような視覚の体制は、戦後、本当に崩壊したのか——。少なくとも、良行の答えは否である。すでに戦前から、天皇は超越的な存在であるとともに「心情的に自分たちにもっとも近いもの」としてのイメージが創り出されていたわけで、この「近さ」の経験を批判し、乗り越えていくには、人々自身の反省的な思考力が必要であった。御真影を通じて構築されたのが「天皇」と「臣民＝主体」とのあいまいな「われわれ」関係であったとするならば、そのようなわれわれと天皇との「近さ」そのものが問われない限り、「天皇＝記号」の権力は崩れない。しかし戦後、戦争責任をめぐっては、「天皇の利用者にのみ追及がむけられ、天皇と国民との結びつきの面における国民の実感の変革をわれわれ国民自らが試みようとしなかったために、『天皇は人間である』という事実命題は容易に『人間的な天皇』という価値命題へとすりかえられていった」[6]。1946 年正月というきわめて早い段階から、「人間天皇」の写真イメージが新

5　鶴見良行「“人間天皇”・広告スター・家族アルバム」鶴見良行著作集 1、96-97 頁
6　同書、96-97 頁

聞紙面に続々と登場していくが、そこに見られる「近さ」の記号論は、けっして御真影がすでに内包していた「近さ」の記号論から断絶したものではなかったのである。

### 家庭アルバムと広告写真

戦後における「御真影的なもの」のゆくえを考えていくために、鶴見良行は家庭アルバムと広告写真（のスター）という二つの写真イメージを取り上げようとしている。このうち広告写真に関しては、結局十分な議論が展開されていないので、良行がどのように考察を進めるつもりでいたかは明らかでない。他方、家庭アルバムに関しては、良行のいくつかの試論から、彼が考えようとしていた方向を推察することができる。

良行は家庭アルバムについて、とりわけ街の写真館でアルバムの写真が撮影されていた時代、一枚一枚の写真は「生活のかけがえのない時点を記念する『歴史』」でありながらも、全体としてみるならば「その家庭を他の家庭から区別するまとまりの意識、さらにはそのまとまりを世代から世代へと連続せしめたいという系譜的なイデオロギーの表現」となっていたと論じている。ここにおいて、家庭アルバムは、前述の御真影と仏壇や神棚の奥に据えられた父母や祖父母の遺影との結合を、日々の日常的経験の側から支える家族主義的なイメージの媒体になっていたともいえるわけだ。

だが、それにもかかわらず、良行は、御真影から「人間天皇」までの記号の体制を自然なものとして受容してしまうわれわれ自身の実感を変革する契機として、家庭や職場での「家族アルバム作り」「職場アルバム作り」を薦めている。「家庭や職場の記録写真を生活者自らの手によって作り出すこと、そして、それをくりかえし眺めることによって新しい意味を発見するように自己の眼力を養うこと」、これが御真影から「人間天皇」までの家父長的なイメージ戦略を相対化する民衆的な可能性であると、良行は考える。――一方で、家庭アルバムは、かつて仏壇や神棚の遺影が御真影を下支えしたのと同じように、新聞や雑誌に掲載される「人間天皇」や無数の皇室写真（皇室アルバム！）を下支えする装置となっていた。しかしその一方で、家庭アルバムや職場アルバムには、「御真影／人間天皇」を親密なものとして受け入れていく私たち自身のなかのイメージの体制を変革していく可能性が宿されている。つまり、良行はこれらアルバムを、支配的なイメージとそれに対抗していく想像力がせめぎあい、交渉していく折衝的な場として考えていた。

なぜ、鶴見良行は家庭アルバムや職場アルバムに、こうした可能性を見出していたのだろうか。その最大の直接的な理由は、カメラの小型化と相対的な低廉化という技術的な変化にあった。家庭アルバムは、写真が街の写真館で撮られていた時代には、出生、入学、卒業、結婚、出征等の人生の最も重要なモメントにおける公式の記録であった。この時代のアルバムは、一家の歴史を回顧させるものであり、日常の経験に結びついた些細な実感はふるい落とされた。しかし、「技術の普及とそれにともなう生活意識の変容によって家庭アルバムは急速にその性格を変えつつある。……（写真はいまや）日常ありのままの生活の一瞬がその家庭の一員や友人によって表現される記録芸術へと成長したのである」。そう良行は指摘しつつ、カメラがまさに機械の眼であるが故に、「機械によってとらえられた現実は肉眼の選択によって落とされた部分をも含んでしまう」ことに新しいメディア論的な可能性を見出していた[7]。いまや一人ひとりが撮影者となった大衆がこの機械の眼を通じ、日常のなかに新

7　鶴見良行「“人間天皇”・広告スター・家族アルバム」鶴見良行著作集 1、98 頁

しい認識論的可能性を発見するかもしれなかったからである。

つまり、良行が 50 年代の家庭アルバムをめぐる新しい技術社会的展開のなかに見出していたのは、写真を撮るという実践が大衆的な広がりをもった道を開く可能性ではなかったか。50 年代は新しい記録芸術の可能性が試された時代であった。同時代の記録文学やドキュメンタリーの試みが、プロの作家や映画監督からより広い表現者へと〈記録〉作成の担い手を拡大させていたとするならば、家族アルバムや職場アルバムは、さらにごく普通の人々がテクノロジーの獲得を通じて日々の営みのなかで〈記録〉の実践をしていく可能性を開いたのである。「人間天皇」や皇室アルバムに代表される記号の体制に、写真という複製技術の社会全域への浸透を背景にした「アルバム作り」の集合的実践を対置させる。この全体的な構図のなかで、良行は戦後日本における写真（を見ることと撮ること）の政治学をまとめようとしていたのである。

## 2. アメリカへの問い

### ベトナム戦争という経験

残念ながら、1960 年代半ばまでに『日本の写真』というタイトルで刊行されるはずであった良行の写真論は、未完成のまま日の目を見ない。60 年代、良行はベトナム戦争と出合い、この問題と正面から対峙し、やがてベ平連の運動に深くコミットしていくが、そのなかで 50 年代からの写真論は、完成途上のまま放棄されてしまうのだ。良行の写真論がいくつかの点で示す先駆性からすると、これは誠に残念な放棄であった。しかし、良行は国際文化会館での勤務との「二足のわらじ」状態を続ける限り、自分に残された時間のすべてを「ベトナムに侵攻するアメリカ」との対決に賭ける以外に道がなかったのかもしれない。しかし同時に、良行自身は、思想の科学研究会の影響を深く受けた自らの写真論に、どこか満足いかない気持ちを持ち続けていたようにも見える。いずれにしても、実際には、この「ベトナム」を介して「アメリカ」に向けられていく問いこそが、やがて良行が思想の科学の影響圏を越えて「アジア」への視座を獲得していくもう一つの回路となるのであった。

良行がベトナム戦争の意味について本気で考え始めるのは1965年頃からだが、初期の関心は、ベトナムそのもの以上にアメリカ本国の根深い「軍事国家」性に向けられていた。良行は、ジョンソン政権による北爆政策がアメリカの大衆自身によっても広く支持されていることを重視した。60年代半ばのアメリカ国民の大半は、政府がベトナム戦争に深入りしていくのを支持していたのである。良行は、このようなアメリカ人一般に広くあった好戦的な意識に「軍事国家」としてのアメリカを見た。ここで彼が「軍事国家」というのは、「軍部による善良な市民の威圧」といった意味合いを含む「軍国主義」とは異なる。良行のいう「軍事国家」とは、軍産複合体制の成立を背景に、国家の軍事的な認識フレイムのなかにメディアや大衆意識が全体として組み込まれ、国民自身が自発的に軍事優先の発想をしてしまうようになった社会のことを指している。

ここにおいて、一般のアメリカ人までを広く支配した思考様式が、「抑止力としての核」であるとか「中共の封じ込め」であるとかというまさしく冷戦時代の戦略主義的な思考なのである。良行は60年代半ばのアメリカ滞在の経験から、「普通の学生や市民との会話でも、アメリカの軍事介入は、究極的には、共産主義者の侵略と戦うためとして正当化される」のが一般的な状況であったと記している。アメリカ政府はベトナム戦争を、「インドシナ半島の一角に限定された地域紛争であるとは考えず、『中共封じ込め』のための世界戦略の一環」と見なしたが、そのような「中共と対決するという反共イデオロギーが国民の相当部分によって共有されているという意味で、それは、アメリカのナショナリズムの本質部分を形成」していた。この時代、冷戦的思考に囚われたアメリカ人の日常意識からは、実際のベトナム人自身の姿は見失われていた。広く大衆の心のなかに、ベトナムの住民を「人間としての他者ではなく、動かされるべき物体としての将棋の駒になぞらえたドミノ理論」が住みついていたわけだ[8]。

当然、こうしたアメリカ国民のベトナム戦争理解は、戦場となった地域の人々の戦争理解と大きくずれていた。南ベトナムでは、たとえその人が反共ナショナリズムの立場をとる場合でも、「民族主義である『ナショナリズム』に重点がかかっているのであって、イデオロギーとしての共産主義に反対するという『反共』の方は、パワー・ポリティクスの次元における、戦略の問題」にすぎなかった[9]。したがって、南ベトナムでは最初から「反共ナショナリズム」が容易に「共産主義と取引するナショナリズム」に移行していく可能性があったのだが、これはアメリカ側のおよそ理解できないところであった。アメリカの人々が、自分たちがどうしても打ちのめせないでいる相手が中国共産党の操り人形などではなく、まさしくベトナム人自身のナショナリズムであること、つまりベトナム戦争が、「自由主義」と「共産主義」の不可避な戦いなどというよりも、現地のナショナリズムに対する傲慢な超大国による蹂躙行為であったことに気づくのは、ずっと後のことである。

## いくつもの「内なるアメリカ」

それにしても、良行はなぜこれほどまでに「アメリカ」にこだわ

8　鶴見良行「アメリカに観るベトナム戦争」鶴見良行著作集 1、162-163 頁
9　鶴見良行「ベトナムからの手紙」同書、173-175 頁

らなければならなかったのか。1968 年、彼は「米国ニュー・レフトとの対話」と題された文章で書いている。

「それに接したとき、私の血が騒ぐ何かが、アメリカに中にある。と同時に、あの国が、時によっては、私の血を凍らせることのあるのも事実だ。他のいずれの国々にもまさって、あの国が私を触発するのはなぜか。いびつなシャム双生児のように、日本がアメリカとわかれがたくむすびついて命運をともにしているからなのか。あるいは、戦争中の軍部とはくらべようもないほどに不透明な仕方で、アメリカが私自身の生活を支配しているからなのか。それともまた、私があの国に生まれ育ったため、血縁のみに感じる愛憎のためか」[10]

良行はこの比喩を後にも取り上げながら、サイゴン街中の広場で公開銃殺されたゲリラ兵士の叫びが「もう一つのアメリカ」、黒人を差別しアジア人を殺しているアメリカに導いたと述懐している。日本はそのようなアメリカと安保条約でつながり、企業はベトナム戦争で儲け、市民はアメリカの庇護の下でアジアに対する自らの加害者性を忘却していた。しかも良行は、「日米の文化交流にたずさわる民間団体につとめていた私」自身、「アメリカ」と「日本」という不均等な二つの身体の間を循環する血液の一部だとしている[11]。つまり、良行の問いには、「アメリカの権力や資本の意向から離れて自由に生きることのなかった戦後の日本」と、その「アメリカ」との関係を幼少期も現在も保ち続けている彼自身という二つのレベ

---

10 鶴見良行「米国ニュー・レフトとの対話」鶴見良行著作集 2、105 頁
11 鶴見良行「アジアを知るために」『収奪の構図』鶴見良行著作集 4、みすず書房、1999 年、245-246 頁

ルの「日本のなかのアメリカ」への問いが重ね合わされていた。

当然、この問題意識は、戦後日本をベトナム戦争との関係において問い返す作業を含み込んでいる。1966年の時点で良行は、「政権も、官僚も、資本も、マスコミも、組合も、市民も、つまり、日本の社会を動かすいかなる勢力も、日本のベトナム戦争にたいする関与という問題について、事実に則したやり方で、大づかみな見通しをたててさえいない」と批判していた。曰く、「われわれは、あまりにも細分化された無数のパイプでベトナム戦争とつながっているので、誰もが、この無数のパイプの全体の構図を知りえないでいる」[12]。良行がこの時点で論じたのは、主としてベトナム特需や日本の再軍備との関係であったが、やがてベトナム戦争は良行の問いの地平に、こうした直接的な関係以上に大きな問いの視点を浮上させていく。

いうまでもなく、この過程はベ平連への彼自身のコミットメントと切り離せない。1970年、良行はベ平連の活動を中間総括する論考において、この推移をこうまとめている。

「ベ平連は、ベトナム戦争反対の運動であるはずだ。それがなぜ、日本の戦後体制に深い亀裂を入れつつある政治的社会的現象の普遍的質を代弁しうるようになったのか。ひとつの解釈は、ベトナム人民にたいする人間的同情から出発し、そのかぎりでは戦後民主主義や基本的人権の擁護でたたかった六〇年安保闘争の延長線上に位置したベトナム反戦運動が、沖縄問題、ベトナム特需、各地の基地闘争、日本の中の脱走兵と、運動を深めてゆく過程で、ベトナム - 沖縄 - 安保 - アメリカという、日米を基軸とする

12　鶴見良行「ベトナム戦争と日本」鶴見良行著作集1、200頁

アジアの基本的政治構造にゆきつき、いわゆる『わが内なるベトナム』認識が生じたということがある。ベトナム戦争は、もはや遠い河の向こうの戦争ではなく、この日本のすべての日本人を何がしかそれにかかわらせる戦争であった。六〇年当時には、守られるべきものだった日常的な市民生活が今では否定されるべきものとなった」[13]

つまり、60年代末の日米の社会意識の変化のなかに良行が見出したのは、当事者性＝加害者性の自覚であった。ベトナム戦争は、アメリカの外で起きたのではないことはもちろん、日本の外側で起きているのでもない。まさしく戦争は、日本を不可欠の関与者とし、「日米を基軸とするアジアの基本的政治構造」のなかで生じている。だから、われわれはベトナム戦争を外側から語ることなど出来るはずもなく、まさしく戦後日本がなお東南アジアへの政治経済的覇権を狙う構造のなかで、「ベトナム」と向かいあう必要があるのである。ベトナム戦争に反対することは、「平和」の国から「戦場」の国に手をさしのべることなどではまったくなく、むしろその「平和」の構造自体を疑うこと、「平和」と「繁栄」を謳歌しているかに見える日本社会の位置を、ベトナムからのまなざしを通じて問い直していくことを含んでいなければならない。

### 東南アジアにおけるポスト帝国主義的支配

この問い返しは、必然的に、日本とアジア、とりわけ東南アジアとの戦中・戦後を通じた関係史を問い直すものとなる。アメリカに突き刺さったアジアで殺されていく者たちからの叫びは、「アメリ

13　鶴見良行「一九七〇年とベ平連」『ベ平連』鶴見良行著作集 2、みすず書房、2002 年、158 頁

カと日本のシャムふたご関係を通じて、日本にまいもどり、私にアジアを知ることを強要した」と良行は書く[14]。ここに浮上するアジアとは、グローバルな権力構造のなかで従属的に再編されていく存在である。第二次大戦後の東南アジアで進行してきたのは、「アメリカを総司令官とし、日本とEC勢力がこれに協力する新しい帝国主義的再編成」である。この「帝国主義」は、もはや植民地の直接的な収奪を目指していない。むしろそれは、第三世界の国々が多国籍資本の進出を受け入れて、それらのネットワークの末端をなす近代的工場群として生まれ変わっていくことを目指している。

もちろん、この再編は、単にアメリカや日本、ECの多国籍企業が資本進出して工場を建設すればいいという話ではない。さらに、「タイやフィリピンの農民は、フォードやトヨタの工場に入って働けるよう訓練を受けなければならない。当然、教育のあらゆる分野がこの目的のために再編成されなければならない。新工場に動力を供給するダムが建設されなければならない。道路も舗装されなければならない。新工場群の生産物は、新帝国主義国へ輸出されるだけでなく、域内で相互補完的に取引きされるから、関税を中心とする税制が統一的に再編成されなければならない」[15]。加えて、このような産業基盤から教育、税制にまで及ぶ再編を促す仕方でODAなどの経済援助がなされ、国連やユネスコ、WTO、世界銀行、IMFなどの国際機関が上から国家の政策を枠づけていく。第二次大戦後、東南アジアの多くの国々は欧米や日本の宗主国から制度上の独立は得ながらも、多国籍資本を軸にしてグローバルに工場群が再配置されていく体制の一部により深く編入されていったのである。

アメリカの軍事力とそれと陰に陽に結びついた国際的経済政治機

14　鶴見良行「アジアを知るために」鶴見良行著作集4、248頁
15　鶴見良行「私の関心」鶴見良行著作集3、62-64頁

構に守られながら多国籍企業が成長し、世界各地で工場を建設し、市場を開拓していく。このような多国籍企業ベースの新世界秩序を新しい意味での帝国主義と呼ぶことも可能だが、これは「統合能力と乗っとり機能によって､領土としての植民地に固執しないですむ」強度に統合的な帝国主義である。覇権国家が望むのは領土拡大ではなく、「世界企業の力を喜んで借りようとする工業化計画を第三世界の諸政府が進めてくれる」見せかけの自発性である[16]。この体制がさらに進むなら、やがて世界企業は国民国家を、「みずからが動かす商品・貨幣・人口の流れを記録するためのたんなる道具にしてしまう」｡「多国籍企業は労働力をさまざまな市場に直接的に割り当て、資源を機能的に配分し、世界的生産の多岐にわたる部門を階層的に組織化する。投資を選択し、金融と通貨に関する作戦行動を指示する複合的な機構」が機能していくことになる[17]。

### 自動車工場からバナナ農園へ

70年代末以降、良行は東南アジア各地を丹念に歩きまわりながら、グローバル秩序への第三世界の編入、その根底にある19世紀的な帝国主義から20世紀後半のグローバリゼーションまでの連続性を、まさしく地べたから、人々の暮らしの個々の実践から描き出していく作業を重ねていった。つまり彼は、「アメリカを手掛りとして日本を考察する方向とは逆に、アジアを手掛りとして日本を考察し運動を設計する方向」に向かっていったのである[18]。

とりわけ良行は、人々の日々の生活の根本ともいえる食卓に添えられるモノたちに焦点を当て､『バナナと日本人』から『ナマコの眼』

---

16　鶴見良行「東南アジア地域統合型の工業化」鶴見良行著作集4、283頁
17　アントニオ・ネグリ＆マイケル・ハート『〈帝国〉』以文社、2003年、51頁
18　鶴見良行「あとがき」『反権力の思想と行動』盛田書店、1970年、362-363頁

までのルポルタージュの傑作をまとめ上げた。この良行の作業とその成果はすでによく知られており、宮本常一を髣髴とさせる書きぶりに魅せられた読者も多い。重要なことはしかし、バナナからエビ、ナマコといった生活にきわめて身近な食べものに寄り添いながら、なお良行はそれらのモノの社会的軌跡から東南アジアの人々の生活がグローバルな資本と権力のなかでいかに再編されていったのか、「アメリカ」や「日本」が、この過程でいかなる他者として立ち現れ、作用してきたのかに目を届かせていることである。

実際、東南アジア人々の日々の暮らしと多国籍的な資本のシステムの関係をモノの社会的軌跡のなかから明らかにしていくこの作業において、良行が最初に取組んだのはフィリピンの経済特区での自動車生産であった。良行はこのとき、「モータリゼーションを、工業化による消費性向の高まり、とくに外国商品を嗜好する行動パターンの一環として考えるならば、このような行動パターンは、フィリピン社会ではかなり早くから発生」していたことを理解していた。フィリピンの人々は、早くから「モータリゼーション＝アメリカ」の夢の虜となり、その欲望の追求を通じてアメリカへの依存度を深めてもきた。そして日本の商社やODA、企業進出も、そうしたアメリカ化の文脈を前提にフィリピン社会に浸透した。このようななかで、フォード社の自動車生産工場がマルコス政権下の経済特区に置かれ、グローバルな階層的経済の一端を担っていく。

良行がフィールドワークから明らかにしようとしたのは、きわめて異なる歴史的時間がグローバルな資本の収奪的なシステムのなかで節合されていく、その矛盾と逆説の諸相だった。1982年に出された『アジアはなぜ貧しいのか』で、彼は東南アジア社会には非常に異なるさまざまな時間が同時に、一方が他方を段階論的に止揚するのではなく、共時的に結びついていることを強調した。たとえば、フィリピンのルソン島北部のパナランには、今も狩猟と焼畑で生活を営む部族が存在するが、この部族の狩猟経済には、かつてスペイン人たちが戦国時代の日本人に売りさばくために毛皮を乱獲したことが今に続く深刻な影響を与えたらしい。そのように4世紀を遡って考えるべき状況が今も現実に生きている一方、「首都マニラでは、超高層ビルでコンピュータが動いているし、ディスコもある。……しかもそこも一歩裏通りに入ると、アオミドロのよどんだ水たまりに、板切れで建てたスラムの群れがある。……また南フィリピンのネグロス島の甘藷農園やミンダナオ島のバナナ農園にいくと、農業労働者が19世紀の植民地時代とあまり変わらないような仕組みで働いて」いる[19]。

このような同時並行的な時間の節合のなかで、やがて良行は、東南アジアへの経済進出が日本人の日常に対して持つ意味を「もっと身近な形で提出しなくちゃいけないのではないかといろいろ考えた末」、バナナやエビといった食卓のモノたちの世界に向かっていく[20]。しかしここで確認しておきたいのは、自動車からバナナやエビへというこの関心の移行の連続性である。名著となった『バナナと日本人』でも、良行は戦後日本人のバナナ消費量が劇的に増大していくなかで、台湾産のバナナからエクアドル産を経て「ドール」や「デルモンテ」といった商標に代表される米系大企業のプランテーションが支配するフィリピン産のバナナへと移っていったことを捉え、日本の植民地支配とアメリカのグローバルな資本展開、そのなかで結びつけられていく東南アジアと日本の関係を描き出していた。バナナの歴史から見えてくるのは、東アジアにおける植民地化と多国

19　鶴見良行「アジアはなぜ貧しいのか」鶴見良行著作集4、2-3頁
20　鶴見良行「アジアに魅せられて」『歩く学問』鶴見良行著作集10、みすず書房、2001、231頁

籍資本の重層的な連続性である。良行はこの連続性を、周縁化された人々の日常から浮かびあがらせていった。

## 3. べ平連と思想の科学のあいだ

### 「べ平連」の良行　「思想の科学」の俊輔？

鶴見俊輔は、良行の著作集に彼が寄せた解説で、べ平連に深くコミットしていた当時の良行と彼がした会話の断片について次のように回顧している。

> 「当時、彼と会うと、『うちは、こうですが、おたくはどうですか』などという言葉づかいをした。うちというのは彼にとって、国際文化会館ではなく、べ平連と脱走兵援助のことであり、おたくというのは、思想の科学のことだった。その言葉づかいのうちに、彼が、思想の科学にたいして、私にたいして、距離をおくところがあった」[21]

鶴見俊輔らしい鋭利な描写である。良行が必死で距離を置こうとしていたのは、俊輔に対してだったのか、それとも思想の科学に対してだったのか。おそらくは、その両方でもあろう。良行は、俊輔に対し、しばしば年の離れていない弟が兄に示すような宿命的に複雑な感情を抱いていたように見える。少なくとも俊輔が良行を意識するよりもずっと重く、良行は俊輔を意識していたのではないか。実際、良行は、あるところで俊輔が「血縁」に対する強烈にアンヴィヴァレントな感情をいだいてきたと語った。自分の胃と食道に癌が発見されて切除手術を受けて間もない頃に書かれた「鶴見俊輔の

21　鶴見俊輔「解説 この道」鶴見良行著作集 1、295 頁

血縁思想」という良行の小文は、「鶴見俊輔には血縁にたいする格別の違和感がある」という一文で始まり、「鶴見俊輔は血縁からときはなれていい」という文で終わる[22]。しかし、この小文を読んでいると、「血縁からときはなれ」ようと格闘してきたのは、俊輔のみならず、良行のほうでもあったのではないかとの印象をどうしてもぬぐいきれない。

鶴見俊輔の描写にもあるように、良行の俊輔への複雑な感情には、「思想の科学」と「ベ平連」という、共に戦後日本の草の根的な思想＝政治の可能性に賭けながら、異なる性格を帯びて行った二つの運動体の関係が重ね合わされていた。たしかに「思想の科学」は直接に政治運動よりも知識人の研究ネットワークに近く、ベ平連は文字通りの市民政治運動であったから、そもそもの性質の異なるこれらを対比することには無理がある。他方、ベ平連の誕生は、もともと 60 年安保の強行採決に抗議して集まった「声なき声の会」が、他の運動団体に呼びかけてベトナム反戦の連合組織を作ろうとしたところに端緒があり、その呼びかけの中心にいたのは鶴見俊輔や高畠通敏であったから、思想の科学グループはベ平連の生みの親でもあったわけだ。良行もまた、こうした思想の科学以来の脈絡からベ平連にも加わるようになった。したがってベ平連は、一面では「思想の科学」とはひどく性格が異なりながら、他面ではそのアクティヴィズムの面での後継者といった面も内包してもいた。

ベ平連は、思想の科学の問題意識を背景として誕生した。実際、結成されて最初の年である 1965 年から 66 年にかけての活動をみると、ニューヨークタイムズ紙への意見広告にしても、「朝生テレビ」の元祖ともいえる徹夜討論集会のテレビ中継にしても、鶴見俊輔ら

22　鶴見良行「鶴見俊輔の血縁思想」鶴見良行著作集 10、165-167 頁

の戦後知識人たちのイニシアティブが比較的はっきり出ている活動が多いように見える。しかし、60 年代後半になればなるほど、ベ平連はそのような戦後知識人の思惑を超えて若者たちの草の根的な運動として拡大し始める。鶴見俊輔らをはじめとする思想の科学系の知識人たちも、時を経るほどこの大きな大衆的な流れのなかの「一つの水滴」にすぎなくなっていくのである。このようにして 60 年代末までに、小田実のリーダーシップと若者たちのエネルギーが共鳴し、ベ平連はかつて思想の科学が基盤としたのとはかなり異なる担い手たちによる、戦後的な知の地平を越えたポスト戦後的な路上の運動体へと進化していく。

**ポスト戦後的運動体としてのベ平連**

形成史的な連続性を有しながらも、ベ平連が思想の科学とはきわめて異なる運動体に進化していることを素早く看取したのは、やはり鶴見俊輔であった。1968 年、彼は小田実が編集した論集に序文を寄せ、ベ平連が次の二つの点できわめて新しいと指摘した。その第一は、草の根的な非組織性である。ベ平連の運動には、「いつも地から湧いて出てくるように新しい人が加わっている」。つまりこの運動体は、内と外の境界線がきわめて緩やかで、いつでも「運動の状況をなしている部分」から運動の中核に新しい人が入ってこられる、つまり運動の中核部分が空洞になっていた。ここには後にアルベルト・メルッチが情報化社会の新しい社会運動の特徴として述べたノマド的性格、つまり「これらの運動エリアは、多様な集団から構成されるネットワークの形式をとり、日常生活の中に分散し、断片的で潜在的であるとともに、文化的実験室としても活動する」と述べた性格がそのまま当てはまる[23]。

当然、この種の組織化されない運動は、目的合理性の観点からするならば「無駄なエネルギー」が多い。多くの参加者のエネルギーがコンサマトリーに消費され、目的に向けて機能的に組織されにくい。しかし、べ平連は運動を組織化しないまま政治的に働きかけるという稀有な活動形態をとっており、その意図的な脱組織性故に容易に新しい流れを巻き込み、「今までこの運動に参加してきたものを刻々古びさせてしまう何かをもって」もいた。

このようなべ平連の活動の特徴は、彼らが1970年の大阪万博に先んじて大坂城公園で開催し、数万人を集めた「反戦のための万国博」、略してハンパクに顕著に現れていた[24]。この催しで特徴的なのは、反博に集った何万という若者たちによって、反博の事務局が「官僚的」と批判されていったいくつかのエピソードである。鶴見良行や針生一郎が詳しくリポートしたところでは、反博事務局は会場内にいくつかの売店を用意していたが、初日から多数のホットドック屋の小型自動車が入り込んで勝手に営業する状態が続いていた。再三の立ち退き要求に応じない非許可業者に業を煮やして事務局が制服警官を導入したことが参加者の猛反発を招き、「ただちに事務局にたいする追及がはじめられ、……悪戦苦闘、やっと会場設営に持ち込んだ事務局の実務的態度にたいする反感も手伝って、討論は紛糾した」という。

さらに最終日前夜、事務局が一方的に「御堂筋デモ」の行程と編成を発表したことに多くの参加者が抗議し、「デモのスケジュールに流されるな。ハンパクの意義、デモの意義について論じよう」という声が渦巻くなかで徹夜の大衆討議となっていった。良行は、この紛糾は、「つきつめれば、直接民主主義による『運動』もしくは『管理』はいかにして可能か、という問題に帰着するだろう。べ平連が

---

23　アルベルト・メルッチ『現在に生きる遊牧民』岩波書店、64頁
24　吉見俊哉『万博と戦後日本』講談社学術文庫、2011年、119-122頁

個人の自発的な意思を絶対的な出発点とするかぎり、ベ平連は、この難問がいよいよさし迫ってくるのを避けることはできない」と指摘している[25]。常識的に考えるなら、数万を集める催しではそれなりの会場管理が必要だし、トップダウン式に計画を実行に移さなければ適切なタイミングで適切な動きを起こせない。ところがそうした実務的な判断は、ベ平連では内側から糾弾され、求心的な力が絶えず遠心化されていくのだった。

俊輔が指摘したベ平連のもう一つの特徴は、その脱国民主義的傾向である。彼はむしろこれを「インタナショナリズム」と呼ぶのだが、この「インタナショナリズム」は、「戦前の幣原喜重郎、吉田茂らのような重臣層の米英中心のインタナショナリズムともちがうし、現在の日本の支配層の米国追随のインタナショナリズムともちがう」。むしろそれは、アメリカ国内の反戦勢力にも共感しつつ、圧倒的に優勢なアメリカの軍事力と戦い続けたベトナム人を立派だと感じる心情であり、アジア各地の民衆運動と手をたずさえていこうとする心情である[26]。俊輔は別のところでも、「なぜ、われわれの助け合いは、これまでのところでは国家の枠の中だけで主としてなされてきたのか。その枠を越えることの必要を、ベトナム戦争反対運動は、われわれに教えている」と語り、ベ平連の「インタナショナリズム」が国家を内から突き破っていくような性格のものであることを強調している。本格的なグローバリゼーションとマルチチュードの時代に先だって、約40年前のベトナム反戦運動は、市民レベルでアメリカと日本の反戦運動、そしてアジアの人々が横につながる可能性をはっきりと標榜していたのである。

---

25　鶴見良行「ハンパクの五日間―予言的な『小さな大実験』」鶴見良行著作集2、323-327頁
26　鶴見俊輔「ベ平連とは何か？」「ベトナムに平和を！」市民連合編『資料・「ベ平連」運動』上巻、1974年、346-349頁

アメリカ人や日本人がこうした越境的な「インタナショナリズム」を獲得していく上で重要なのは、自らの加害者性の自覚である。ベトナム戦争からの脱走兵は、ただそれだけでは反戦行動に踏み切らない。しかし彼らが、アメリカは「自分たちが侵略される恐れがないのに、なぜ海を越えてあんな所に行って、ベトナム人を殺すのか、そのことについての自分の責任というものを考えるようになると、アメリカ社会の中にある権力構造」についての認識に達する。つまり、自分を「加害者として位置づけ、自らを追及し、また、自らを追及することを通してアメリカの社会構造におけるアメリカ人の戦争責任を追及」し始める。

第２章で述べたことからして当然だが、俊輔は、「反戦行動についてのこの種のモデル」が、アメリカと同じように日本にも当てはまると強調していた。日本の場合、「大東亜戦争」を推進者たちが、そのまま「戦後民主主義」の中枢を担ってきたという支配権力の連続性がある。1945年以降、アメリカと日本は、「お互いに肩を寄せ合って、お互いの戦争犯罪を隠すために協力」してきたのであり、そのためベトナム戦争と同型の構造的理由で、アジア太平洋戦争に至る日本の加害者性が広く自覚されてはこなかった。このような自己の加害者性についての真摯な自覚がない限り、戦後日本人が真に「インタナショナル」になるのは難しい[27]。

### 良行における「入口」と「出口」

鶴見良行がべ平連に深く関与することから編み出していったのは、俊輔が示唆する「インタナショナリズム」を、自らの身をもって実践し、探究する具体的な方法論であったように見える。良行はべ平

27　鶴見俊輔「市民的不服従の国際的連帯」「ベトナムに平和を！」市民連合編『資料・「べ平連」運動』上巻、399-407頁

連にかかわり始めた早い時期に、「日本国民としての断念」と題された小論を書き、「主権国家という機構にたいして国民という成員がある以上、平和運動は当然、国民としての立場を否定することをふくんでいなければならない」こと、つまり「日本の平和運動は、動員デモや各集団のヘゲモニー争いとしての闘争とはまったく異質の原理的地点まで下降する必要があるだろう。そしてこの原理的地点として『国民としての立場を断念する』ということを発想する」と語っていた[28]。こうした「脱国家」の発想は良行の言動に貫かれており、やがて彼は、「私は国家の単位でものを考えることに反対です。日本は『一言語、一人種、一宗教』といわれるように、まとまりの度合いが強いと信じられている。実はこの国家の単位でものを考えること自体、事実に反する思い込みが強いのではないか」とも語っていく[29]。

70年代半ば以降の鶴見良行の活動が、思想的にも、実践的にも、以上のような「国境の越え方」を、戦後日本の地政学的位置を問い返すことを通じて探究していこうとする試みであったことは、すでに示唆してきた。改めて強調したいのは、そうした良行の軌跡が、べ平連というあの時代固有の運動体を経由したものでありながら、もう一方ではそもそもの彼の人生、彼自身のアイデンティティ（存在証明）の追求というモメントとも重なっていたことである。

山口文憲は、鶴見良行を追悼する意味が込められた岩波新書版の『東南アジアを知る』（1999年）で、「良行さんにとっては、自分はナニ人として生きるのかという内面の問題がすべての入口で、アジアはいわばその出口。そしてこの前後関係は、終生変わることがなかったのではないか」と語っている[30]。いうまでもなく、この「入

28　鶴見良行「日本国民としての断念」鶴見良行著作集2、84頁
29　鶴見良行「アジアはなぜ貧しいのか」鶴見良行著作集4、1頁

口」は、良行がおのれ自身を育んだ内なる「アメリカ」と格闘していく過程でもあり、またそれは「近代」との格闘の軌跡でもあった。良行にとって「出口」であった「アジア」の意味は、そのような入口の持つ重さや歴史性と切り離すことができない。

だが、この「出口」は実は「入口」につながっていたのではないか。ベ平連以降の鶴見良行の思想的営みは、彼がかつて「思想の科学」の影響下で考えようとしていたこととそれほど異なるものであったのか。思想の科学とベ平連は、単に人脈的な連続性を含むだけでなく、思想的にも、ベ平連以降の知と運動の地平には、かつて思想の科学が目指していた志向性が内包されており、前者を後者の視点から捉え直してみる必要があるのではないだろうか。そして、そのような作業の延長線上に「アジア」があることも、その出発点からの連続性として確認しておくべきなのではないか。つまり、ここでの観点からするならば、ベ平連は思想の科学に内包されていた問題意識を、一方ではより草の根的な政治実践へ拡張し、他方では国民国家の枠を越える連帯の可能性へ拡げていった。そのような連続性の観点から、鶴見俊輔や良行の50年代の作業を読み直してみることが、不可能ではないのではないだろうか。

**基地の街のエスノグラフィー**

おそらく、鶴見良行の初期の仕事のなかで、こうした後年への連続性を最もよく示しているのが、彼が1956年に『中央公論』に発表した「基地周辺のひとびと」である。この論文は、実質的に良行のデビュー作に近い。というのも、冒頭で述べたように彼はこの数年前にハリウッド映画論とラジオ論を書いているが、これらは同時

30　山口文憲「ある奇妙な小さな事件」鶴見良行『東南アジアを知る』岩波新書、1995年、12頁

代の海外の研究に準拠している度合いが強く、良行自身の持ち味は必ずしも発揮されてはいない。これらに対し、「基地周辺のひとびと」は、同時代の多くの基地論を超える立体的な洞察を含んだエスノグラフィーとなっているのである。実際、この研究のフィールドとなったのは埼玉県熊谷にあったキャンプ・ウィッティングドン周辺地域だが、良行はこの調査のために「1955年冬以来、約半年の間ほとんど毎日をそこですごし」ていた。彼はこの地域で、「基地出現以前からそこに住む地元の人びと」と「バーやキャバレー、各種料理店等、基地に従属した生業を営む人びと」の双方、そのさまざまな階層の人びとに聞き取りを重ねている[31]。

このフィールドワークの基礎となったのは、アメリカの社会調査理論でも、また少なくとも直接的には初期シカゴ学派の都市エスノグラフィーでもなかった。たしかに良行は、この「基地の街」調査が、ハーバート大学のウィリアム・A・コーディルらによる調査プロジェクトの一部であると注記している。コーディルはもともと、アメリカ先住民の医療人類学的な研究から出発してシカゴ大学で学位を取得した人物で、40年代後半にはシカゴでの日系移民の社会的適応を調査している。やがて彼はイエール大学、ハーバート大学と職場を移しながら精神病院の社会病理学的調査を進め、それと並行して50年代半ばに来日し、米軍兵士と日本人コミュニティの関係を調査していった。コーディルの経歴からするならば、シカゴ派の人類学や都市研究の方法論や成果を知悉していたことは確実だろうし、この時代にはアメリカ社会学的知の中心がシカゴ大から東部の名門大に移りつつあったから、彼もそうした流れのなかの一人であったと想像される。そしてこの時代的潮流のなかにしばしば見ら

31　鶴見良行「基地周辺のひとびと—彼等はアメリカ人をどうみるか」鶴見良行著作集1、38-53頁

れたように、コーディルの視点も、文化とパーソナリティ学派の影響を受け、日本の文化特性がどのように人々の精神障害に影響を及ぼすかという狭義に社会病理学的なもので、良行の調査にあるような現場の人びとからの批判的な視座は欠落していた[32]。したがって、「基地の街」についての良行の洞察は、その背景となったアメリカの調査チームの視界をはるかに越えるものであった。

このような良行の視座の源泉はどこにあったか。実は、それを示唆しているのがこの論文の表題、つまり「基地周辺のひとびと」の「ひとびと」という言い回しである。これは、おそらく初期の思想の科学で中心的なプロジェクトであった「ひとびとの哲学」に由来している。1946年の終わりごろ、思想の科学グループは「専門的哲学者が哲学書著述に際して筋道たてて展開する所の哲学思想でなく、一般の人々が日常生活において話しまた行う所の哲学思想をとらえる」べく、「ひとびとの哲学」と総称されるプロジェクトをスタートさせた[33]。このプロジェクトは、体系性や普遍性においてではなく、それぞれの人が生活のなかでふるまい、思考しているすべてのことを「ひとびとの哲学」として捉え直す壮大な試みであった[34]。だからこそ、この試みを実現するには、ひとびとの日常生活に「どぶんと飛び込んで具体的事物及び価値の底深くにひたると共に、直ぐさま空高く飛び上って抽象原理の域に行きつくだけの肺活量を持つ。更に抽象原理の雲の上で長く昼寝をする事なく、また具体的事物及び価値の海中にもどるだけの元気がある。この行きつ戻りつの

32 Caudill, William Abel, Observations on the Cultural Context of Japanese Psychiatry, in Marvin K. Opler, *Culture and Mental Health*, 1959, pp.213-242

33 鶴見俊輔「ひとびとの哲学についての中間報告（一）」『思想の科学』第3巻第2号、先駆社、1948、57-60頁

34 天野正子「民衆思想への方法的実験」安田常雄・天野正子編『戦後「啓蒙」思想の遺したもの』久山社、1992年、107-129頁

こつ」が必要であった[35]。

鶴見俊輔が企画の中心を担っていた「ひとびとの哲学」プロジェクトにおいて、良行は実際の調査グループの主要なメンバーとして活動している。実際、このプロジェクトの２回目の中間報告では、小学校教員や青年団、百貨店の女店員などから上野地下道付近の浮浪者、同地下道の街娼、州崎特飲街の女たちまでについての聞き取り調査が試みられているが、この報告は鶴見俊輔と良行の共同執筆になっている。俊輔は後に、この「ひとびとの哲学」の聞き取り調査をしていたころを回想し、調査での良行の「筆跡はすばやく、書きはなしたまま他人に読める文字」であったという。他方、良行も晩年、俊輔に「その後の自分に役にたっているのはむしろその経験だった」と話したというから、たしかにこうした経験は、「アジア各地を歩いて人びとと接したことと、ひとすじつながる」ものであった。つまり、鶴見良行は、アジアを歩くようになってから突然、卓越したエスノグラファーになったのではない[36]。すでに戦後の焼け跡で、上野の地下道や上野公園の浮浪者や街娼などを相手に聞き取り調査をしていた時代から、彼は路上のひとびとについてのエスノグラファーとして歩き始めていたのである。

しかも、基地周辺についての良行の調査は、地域住民が米軍に対し、戦前から日本軍の基地を受け入れていたときの関係意識を引き継いでいること、また彼らの対米意識が、基地周辺のバーやキャバレーなどで働く女性たちへの差別的なまなざしに媒介されて顕著に屈折していることを明らかにした。かつて、「旧日本軍隊の駐屯はこの農村のひとびとにとって、経済的には向上の機会を、人生論的

35　鶴見俊輔「ひとびとの哲学についての中間報告（二）」『思想の科学』第３巻第３号、1948年、43頁
36　鶴見俊輔「「解説　この道」『出発』鶴見良行著作集１、301-302頁

には新しい方向への可能性を、そして心理的には相互のつながりによる安定感を意味」していた。これは人々に、「軍隊に対する免疫性と保証を与えるに十分なほどの経験」であった。そうして彼らは米軍に対し、かつて彼らが日本軍に対して持ったのと同じような関係を求めていったのである。

他方、米軍基地の前には何十軒という店が並び、米兵相手の女たちが入り込んでくる。良行の調査は、基地周辺の人々の反感や批判が、米軍そのものよりも米兵相手の女たちに向けられる傾向が強いことを示した。彼女たちは地域の住民によっても、また彼女たちの働く店の事業主たち自身によっても、「米兵をだまして金をむしりとる」存在として、また「下品、粗野、行儀が悪い、下層階級」の人々として蔑視されていた。その一方で、この地域の住民たちは、そのような米兵相手の店に土地を貸し、米兵のオンリーたちに部屋を貸すことによって潤っていた。つまり、この地域の事業主や住民たちには、「アメリカに対する完全な従属を願いながら、その従属の手段として女性たちを利用搾取し、しかも自分は一段上の高みにあって女たちに対する反感を示す」という自己矛盾に満ちた態度を示していた[37]。

一連の分析を通じて良行が浮かび上がらせたのは、国民国家の枠組のなかに人々の欲望や反感が収まってしまうことの限界である。米兵相手に働く女たちは、「尋常な日本社会から締め出されつつも、なお、文化的には『日本』の一部分にとどまる。『日本』の一部分であるからこそ、農民の実感構造にくみ入れられて批判の対象となる」。そして女性たちのほうも、自分たちのような「特殊女性たちが日本の貞操の防波堤である」という紋切り型の論理の囚われてい

37　鶴見良行「基地周辺のひとびと」鶴見良行著作集 1、50 頁

て、「日本」という枠から外に出ることができない[38]。農民の基地に対する両義的な感情は、自分たちが蔑視している者に自らの経済が依存している矛盾を正しく認識しながらも、「なお、『日本』内部にとどまろうとすることによって、彼らの現実主義の限界を示」していた。このように若き良行が語るとき、彼の問いはすでに「アメリカ」を、単なる日米関係や国民国家の問題に還元されない仕方で捉えようとしていた。こうした視点は、同時代の多くの米軍基地論が、たとえ反基地的な視点を持つ場合でも、「アメリカ」対「日本」という構図から抜けきれないでいるなかで稀有であった。

## 4. アジアを歩く　コロニアルの向うから眺める

### 越境・反転する眼差し

以上、アジアを歩き始めるまでの鶴見良行が、メディア論から出発してアメリカを問い、ベ平連での実践を駆け抜けてアジアのフィールドワークに至る過程をたどり直しながら、そこに貫通するいくつかの連続性を検証してきた。以上を踏まえるならば、良行の思想的軌跡には、およそ三つの継続性のある意志が貫かれているように思われる。

第一は、すでに論じてきたような意味で「アメリカ」と「アジア」をつないでいく意志である。これは、まず何よりも良行がおのれの出自の一部であったアメリカという存在と格闘し、これを内破することでアジアの地平のなかに自身の存在証明を見出していく実践であった。同時にそれは、ネーションとしての戦後日本の自明性が、アジアを外部化するのではなく、むしろ自らのなかのアジアを検証するような仕方で問い返されていく過程でもあった。その延長線上

38　鶴見良行「基地周辺のひとびと」鶴見良行著作集 1、53 頁

で、70年代末以降の良行の仕事は、日本と東南アジア、そして世界システムの意識化されない歴史的重層性を、人々の日常的実践の内側から眼に見えるものにしていくこととなった。その際、良行はこの関係を、アメリカ＝加害者、アジア＝被害者という単純な図式に落とし込むことを拒否している。グローバル＝ローカルな権力関係は重層的であり、被害者は次の瞬間に加害者となる。だからこそ、現時点だけの相互関係ではなく、歴史の重層性のなかでそれぞれの地域での実践の諸関係を捉え直していく必要があるのである。

良行の軌跡に貫かれていた第二の意志は、フィールドワークの実践を通じて「研究」と「運動」をつなぐものである。これは、良行の思想の科学研究会からベ平連への動き、またその後のアジアの人々との共同作業などにおいて示されていく。鶴見良行は一貫して、自分が「学者」であるという考えを拒否している。他方、彼の自己像は、単純な二項対立図式に陥りがちな「運動家」とも一致するものではない。むしろ良行は、これらの中間的な媒介者、ある種のジャーナリストとして自らを位置づけていた。

このことは、既存の学問への強い批判を含んでいる。良行は、日本の大学が「知識の場」と「運動の場」と「第三世界の場」をつなぐ回路を形作っていないと批判していた。運動にはしばしば知識が必要であり、とりわけ第三世界の現場ではそうである。しかし、今日の大学は、国民国家の枠組に囚われたまま、こうした草の根的なレベルでの学問を立ち上げようとはしていない。さらに良行は、学者たちが、しばしば認識主体の自己中心的な発想や概念の自明性を疑わないので、現場での肝心の事実がこぼれ落ちてしまうと批判もしていた[39]。各地の様々な運動と結びつき、出来事の現場にとどま

---

39　鶴見良行『東南アジアを知る』岩波新書、1995年、152-164頁

りながら新しい知識生産を構築していくこと、良行が自らの「東南アジア学」で例示したのは、そうした可能性であった。

第三に、良行の仕事に貫かれているもう一つの意志は、「モノからの眼差し」とでも呼ぶべきものである。モノへの眼差しではない。この認識論がほぼ完成されるのは、やはり代表作となった『ナマコの眼』であろう。実際、生物としては眼がないナマコについて、あえてこうした題名をつけた良行の意図は明白である。研究者が客体としてのモノについて語るのではなく、そのようなモノの側からのまなざしを記述していくことがいかに可能か——。

良行はこれを、他者の記述において「感情移入の陥穽」から逃れる方法の問題として語っている。70年代末以降、良行は「バナナ」や「エビ」といった日本人の食卓とかかわりの深いモノを洞察することで、人々に感情移入可能な仕方で日本と東南アジアの複雑な関係史を浮上させていった。しかし、この方法は、まず日本人の食卓があり、そこから世界との関係が眺められるわけだからなお自己中心的な視界の内にある。この視点からではこぼれ落ちてしまうかもしれない他者の眼差しにおいて、逆に自己を相対化させていく記述はいかに可能か。『ナマコの眼』では、良行はこうした記述を、様々な工夫を重ねながら試みていく。

しかしながら、このようなモノへの関心、他者の眼差しを通じた自己中心的な世界の相対化への意志は、ある意味では初期の写真論の時代から彼のなかに伏在していたのではないか。カメラは後年まで、良行にとって必須の調査道具の一つであり続けたが、そのようにカメラによる認識を彼が重視したのは、「機械によってとらえられた現実は肉眼の選択によって落とされた部分をも含んでしまう」からであった[40]。良行の言明から約10年後、多木浩二がこの点を、「どんな写真家も自分のとった写真の上に、自分の痕跡と自分ではないものの痕跡を見出すのであり、自己と他者のふしぎなつながりと断絶という構造が、実は、自らと自らをとりまく環境あるいは世界の関係のあらわれにほかならないことを見出すときに、写真は単に『見られた』のもの表層の意味によって成り立つのではなく『見る』こと自体が、たんに写真を成立させる現実の契機という以上の意味作用をもってくる」と精密に指摘した[41]。写真は決して、認識主体による対象の一方的な切り取りではない。カメラの眼というそもそもの機械的な構造が、もう一方の環境世界からの眼差しの実践を内包させてしまっているのである。

カメラの眼からナマコの眼へ――。この鶴見良行の方法論的な準拠点の軌跡には、彼がかつて、思想の科学研究会が提唱した「日常生活における具体的、個別的事物ならびに価値の中にしっかり根ざす」新しい哲学への展望を俊輔らと共有し、その後も目の前に見えるモノ、生活で使われ、食べられるモノたちにこだわり続けながら、そのようなモノの場を国民国家の日常空間からグローバルな複数形の歴史空間へと拡張していった過程が示唆されている。かつてカメラの眼がそうであったという以上に、ナマコの眼では他者からの眼差しがはっきりと照準されている。しかもその眼差しは、天皇や家族アルバムといったネーションの枠組に収斂してしまうものではなく、世界史的な広がりと厚みのなかで複数化していくものである。ベトナム戦争という「教師」に直面し、内なる「アメリカ」を突き破りながらアジアに向かうことで、鶴見良行は日常のモノからの眼差しと、グローバルな地政学とを具体的な個々の生活のなかで交差させる方法を模索していたのだ。

40　鶴見良行「“人間天皇”・広告スター・家族アルバム」鶴見良行著作集 1、98 頁
41　多木浩二『写真論集成』岩波文庫、2003 年、15 頁

**アメリカから離れる**

良行におけるこうした視座の革新は、1970年代から80年代にかけて、東南アジア全域にわたった旅を通じて達成されていった。代表作も集中的にこの時期に書かれており、『マラッカ物語』（時事通信社）が1981年、『バナナと日本人』（岩波書店）が82年、『マングローブの沼地で』（朝日新聞社）が84年、『海道の社会史』（朝日新聞社）が87年、そして『ナマコの眼』（筑摩書房）が90年というように、わずか10年間で代表作となるほとんどの著作が刊行されている。すでに示唆したように、この時期の良行の到達点は、『バナナと日本人』の視座から『ナマコの眼』の視座への転回、すなわちアジアにおけるアメリカや日本の新植民地主義的資本主義が地域の経済や生活を収奪していく構造を具体的なモノの生産と流通の現場に即して問題化していく視座から、そのような批判的な観点からであれ日本やアメリカを中心にアジアを捉える視座全体を、より長く、厚い社会史的、ないしは人類史＝環境史的視座のなかで相対化していく地平へと向かっていったことだと要約できる。

この良行の視座の80年代的転回をもたらした決定的な契機は何であったのか——。すでに述べてきたことを逆の面から述べるなら、それはつまり「アメリカから離れる」ことであったように思う。前述の「入口」と「出口」の比喩でいうなら、「入口」において「アメリカ」との格闘は必然的であったが、「出口」ではもう「アメリカ」は相対的な価値しか有していない。この「アメリカ」の相対化は、「アメリカ」という概念そのものの解体を含んでいた。

1960年代後半、良行は40歳を過ぎて渡米し、ハーバード大で数年間を過ごすが、そこで彼は、「白人教授たちがフランス・ワインと傾けて、論理的にはベトナム戦争に反対しながら、ライフスタイルとして優美な生活をしていること」に反発を覚え、「もう一つのアメリカ」、すなわちアフリカ系アメリカ人やエスニック・マイノリティによって生きられるアメリカに触れていく。帰国した良行は、高木八尺や松本重治ら「知米派」が編んだ『原典アメリカ史』（岩波書店）が、アフリカ系やマイノリティの文章をまったく採用していないのを発見して衝撃を受ける。良行は帰国後も、日米文化交流の拠点である国際文化会館に勤め続けるが、知米派知識人たちの「アメリカ」からは急速に解き放たれていった。良行自身、「アメリカ生まれで、国籍的にも満18歳になるまで半分アメリカ人だった私は、ベトナム戦争と同時に渡米したおかげで、いきなりではないにせよ、すっぱりアメリカから離れました」と語っている[42]。

相対化されたのは「アメリカ」ばかりではなかった。「アジア」についてもまた、「もう一つのアメリカ」と同じような意味で、「もう一つのアジア」が志向されていかなければならなかった。「もう一つのアジア」とは、欧米や日本によって植民地化されていった「植民地としてのアジア」でないのはもちろんだが、そのような植民地化に抗し、やがて独立を勝ち取っていった「国民国家としてのアジア」でもない。良行の視座は、そのような大文字の歴史的主体としてのアジアから逸れ、それぞれの地域に散在する少数民族や漁民、商人、海賊、つまりは農耕民ならざる人々の多様な生活史へと向かっていった。ここでとりわけ重要なのは、80年代の良行は、陸からのアジア史から海からのアジア史への視座の転換と、過去150年を焦点化する歴史から過去500年を見渡す歴史への視座の転換を、同時に図っていたことである。

42　鶴見良行『東南アジアを知る』8頁

**多島海としてのアジア**

たとえば良行は、80年代の一連の著作のなかでも自らが目指すところを最も率直に語っている『海道の社会史』のなかで、アジア（とりわけ東南アジア）を、複数の王朝や列強による植民地、国民国家によって分割された地域としてではなく、複数の多島海域の連なりとして捉える視座を提起している。彼がここでマカッサル海峡を中心とするフローレス海とセレベス海をつなぐ諸海域として取り上げたのは、南スラウィシ圏、マルク圏、フローレス圏の三つだが、ここから北上して、ビザヤ圏、ルソン圏、台湾圏を考えるのも可能だし、さらに北に琉球圏、北九州圏（壱岐・対馬・五島列島など）、瀬戸内圏などを切り出していくことも不可能ではないだろう。良行の観点を拡張するなら、このように複数の多島海域の連なりとして構成される世界こそ、東南アジアだったのである。

実際、「一九世紀半ばまでここで活動した西洋人の関心は交易の支配にあった。かれらは文字通り船上から陸地を眺め、海の深さや風の向きをいつも気にしていた。マカッサルにせよマラッカにせよ、海道の住民たちもまた海を頼りにして生きることが多かった」[43]。つまり少なくとも19世紀前半まで、アジアは海によってネットワーク状につながっていたのであり、この海のネットワークはマラッカ海峡やインドネシアから朝鮮半島や九州・瀬戸内海までの広大な地域でヒトやモノの流通を支えていたのだ。

逆に言えば、19世紀後半から約150年に及ぶアジアの帝国主義的植民地化と日本の軍事的膨張、それにアメリカ化の歴史は、ヨーロッパの植民者たちが来てからも数百年は続いていた「海のアジア」からの逸脱であった。良行は、「西洋列強の植民地主義が、悪名高

43　鶴見良行「海道の社会史」『海の道』鶴見良行著作集8、みすず書房、2000、2頁

い猛威をふるいましたのは、19世紀の半ば以降、いわゆるプランテーションという形で土地を囲い込んで、そこに移民労働者や、それぞれの島の住民、例えばジャワ農民などを囲い込んで、大地の経営にあたりましたのが、19世紀中頃からです。植民地主義が本当に悪辣な、住民に対して大きな影響を与えたのは、最後の百年にしかすぎない」と、何度も強調していた[44]。それ以前には、たしかにアジアはスペインやオランダによって植民地化されてはいるのだが、19世紀末に至るまで、イベリア半島からフィリピンにやって来るスペイン人は、年間平均4000人ぐらいにすぎなかった。その程度の人数で、フィリピンを領土的に支配できるはずもなかったのであり、同じ植民地主義でも、産業革命と結びついて地球全体を資本主義が工場＝プランテーション化し始める19世紀後半以降とそれ以前とでは、まるで様相が異なるのである。

だが、19世紀半ば以降、植民地化の様相は一変する。西洋列強は、アジアの植民地を交易的に搾取するだけでなく、その土地全体について新たに開発を進め、強制栽培やプランテーションの建設によって拡大的に収奪していくようになる。当然、植民地支配の中心は、それまでの交易の拠点よりも大規模開発が可能で大量の農場労働力を調達できるような地域、フィリピンならばルソンやビザヤ諸島、インドネシアならばジャワとスマトラなどに集中していくようになり、プランテーション開発に適さない中小の島々は見捨てられていくことになった。

良行は慧眼にも、このような19世紀半ば以降の植民地主義の転換が、宗主国における植民地支配だけでなく、やがて脱植民地化のための運動においても前提とされるようになっていったことを指摘

44　鶴見良行「海道の社会史」『海の道』鶴見良行著作集8、179頁

する。すなわち、「植民地主義の与えた苦難は、プランテーションに動員された住民、移民においてもっともはなはだしかった。必然的に住民による植民地主義批判の社会研究もまたこうした地域に集中した」のである[45]。

そして20世紀半ば、アジア各地で植民地からの独立運動が巻き起こり、政治的には多くの国々が独立を獲得していった。しかし、プランテーションが国有化され、民族資本によって開発がなされていくようになっても、19世紀半ばに起きた植民地主義の構造転換、その結果としての「海のアジア」から「陸のアジア」への転回は問い直されることなく、そのまま継続されている。むしろ今日、19世紀後半以降の開発主義的植民地主義が苛烈だったので、植民地主義批判の言説も、そうした19世紀半ば以降のイメージをそれ以前の数百年も含めて拡張してしまう傾向がある。その結果、今度は国民主義や脱植民地主義の眼差しそのものが、東南アジアが植民地主義的思考を越えていくことを困難にしていくのである。

『マラッカ物語』から『ナマコの眼』までの諸著作で、良行はこうした植民地主義／脱植民地主義の限界を越えていくためのアジア認識の地平を示している。『海道の社会史』の冒頭、良行は南スラウェシの多彩な風景を丁寧に解説していく。この多彩さは、プランテーション化された地域が単一作物によって単調な風景に支配されていくのとは対照的である。19世紀前半までのアジアには、南スラウェシのみならず、その全域にわたって目も眩むほどに多様で多彩な風景が続いていたのだ。その多彩さは、基本的には海と島によって育まれたものだ。今日、インドネシアには約17000の島があり、フィリピンには約7000の島が、日本にも約7000の島がある。つ

45　鶴見良行「海道の社会史」『海の道』鶴見良行著作集8、2頁

まり、インドネシアからフィリピン、日本列島までの東アジアの海域全体では、5万にも及ぶ島々が連なり、地球上で最大の多島海地帯をなしている。このそれぞれの島に湾があり、半島があり、環礁や干潟もある。島と島の間には海峡もある。

地球史を遡るなら、アジア東岸のこの多島海は、今から約8000年前、氷河期が終わって地球は温暖化に向かうなかで急激な海面上昇が生じ、それまで陸続きだった大陸に海水が流れ込んできて誕生したものである。まだ陸続きだった時代には、フィリピンやインドネシアはインドシナ半島とつながって広大なスンダ大陸をなしていた。それが海面上昇で一挙に水没し、多島海としてのアジアが誕生した。そうして東アジアに数万の島々が誕生すると、そこから多様性のアジアという新しい歴史が始まることになった。海で隔てられた島々には、それぞれ異なる経緯で人が住みつくようになり、島民たちは、それぞれの環境に働きかけ、島は小宇宙を成していった。その歴史は数千年に及び、つい150年前まで至るところに息づいていたのである。良行の諸著作は、そうした多島海としてのアジアが、19世紀半ば以降の開発主義的植民地主義や20世紀の国民国家による開発、あるいはアメリカの覇権構想のなかでの開発を経ても、なお今も生き残っていることを鮮やかに描いていった。

# 結 アメリカの影　アジアの戦後

## 「ツルミ一族」など存在しない？

鶴見祐輔、和子、俊輔、良行が「アメリカ」と切り結んでいった関係に焦点を当てた本書の叙述を、もしも当人たちが読んだならばどう反応することになるだろうか。もちろん、実際に本書を読む可能性があるのは俊輔氏一人で、他の登場人物はすでに他界している。しかし、良行が1992年に次のように書いていたことを考えれば、当人たちからするなら「鶴見家の人々」と一括りにされるのが、あまり嬉しいことではないのは容易に察せられる。

> 「『ツルミ一族』と呼ばれ、それは同じ思想の科学に属し文筆で生きる和子、俊輔、良行を血縁からひとまとめにしているらしいが、もはやそれは成立しない。互いに独立しておのがじしの思想を育てている。私には、『思想の科学離れ』『俊輔離れ』の気持ちがかなり早くからあった。“反”思想の科学というのではなく自分なりに考えてみたいと感じていた。そのことがはっきりするのは、ベトナム反戦運動とそこで出会った脱走兵である。……脱走兵は人種的にも階級的にもアメリカ社会で見落とされた人間の動きである。（俊輔の）『北米体験再考』はまさにこの時期に書かれているが、戦前期の知米派の思考をそれほど離れていない。俊輔は脱走兵支援運動に積極的にかかわるが、その行動と『北米体験再考』との間にはかなりの乖離がある。そういうわけで、私にはい

くらかの失望感があり、“俊輔離れ”が進んだ。この失望が私を加速したのではないが、私は東南アジアの田舎にのめりこんでいった」[1]

良行はここで、俊輔が父祐輔を批判するときに彼に割り振るのと同様の位置に、俊輔自身を割り振っている。俊輔の著作が「知米派」のそれと「それほど離れていない」のならば、文字通りの「知米派」であった祐輔の著作とも大差ないことになってしまう。しかしこのような評価を、俊輔は到底受け入れられないであろう。俊輔からすれば、彼が戦中から占領期への激動のなかで、また1950年代から60年代にかけて、アメリカとの間にどのようなねじくれた葛藤を経てきたのかを、良行はわかっていないと反論したいところだろう。他方、この引用からも読み取れるのは、晩年になってもなお、良行は俊輔を、奇妙なくらいに意識しており、しかも自分と俊輔は別であるとの態度をとり続けているように見えることである。

良行の距離感は、俊輔ばかりに対してではなかったようだ。鶴見和子は、アジア諸地域での内発的発展に希望を抱いていたが、良行はそうした議論に懐疑を表明している。この議論の問題は、内発の「『内』をどのレベルで規定するのか、国家なのか、地域なのか、種族なのか。あるいは、民族、種族が限りなくにじんでいる現状で、内と外の線をどこで引くのか。つまり、『内発』のベースとなるアイデンティティがいっこうに見えてこない」点にあると良行は批判する。さらに追い打ちをかけるように、「西洋近代の行き詰まりを背景に、アジアの『内なるもの』を復権させるにしても、何が一体『内』なのかが見えなければ、それは結局、学問的なロマンティシ

1　鶴見良行「鶴見俊輔の血縁思想」『歩く学問』鶴見良行著作集第10巻、みすず書房、2001年、166-167頁

ズム、あるいはセンチメンタリズムにすぎない」とも断定している。
　このように良行が内発的発展論を批判する一つの根拠は、問題の核心が、アジア諸地域の経済が欧米に植民地化されてきた、つまり外側から操作されてきたということ以上に、今日、それぞれの国の中央政府によって進められている開発プロジェクトそのものにあるという実感があったからであろう。前章の最後で論じたように、スペインやオランダの時代から、植民地主義はずっと同じように植民地の経済や社会を支配してきたのではなく、19 世紀半ばに交易主義から開発主義への断絶がある。
　逆に戦後、政治的には植民地であることから脱却した後も、東南アジアの国々は、しばしば独裁的な政府の下で開発主義的政策を植民地時代から継承していた。この政策路線に内発的発展論が接続されると、何が外で何が内なのか、つまりはその地域の未来のための歴史の主体とは誰なのかがあいまいにされたままで、国民政府による過酷な開発が実施されていく可能性があった。良行は、彼が歩いたアジアの現場の感覚から、アカデミックな言説のレベルで語られる内発的発展論の可能性に疑問を呈したのである。
　たしかにどんな親類でも、お互いによく知っていればいるほど、その関係には一筋縄ではいかないものが生じやすい。概して言うならば、和子は父にも弟にも優しく、俊輔は父に対してひどく構えており、良行は俊輔に対して距離をとっている。この逆は真ならずで、本書の冒頭で示したように、俊輔はむしろ良行を高く評価している。つまり俊輔は、母や父、姉に対して他人からみればちょっとそれはあんまりなのではないか、と思われる言い方をすることがあるが、そうした態度は良行に対してはない。やはり、家族と従兄弟は少し違うのか。しかしその分、良行の俊輔に対する語り方は、決して攻撃的なタイプではないこの人からすると、やや例外的に攻撃的な棘を含んでいる。こうした親族内での複雑な感情のずれや一方向性をこれ以上詮索してもまったく生産的ではないが、重要なのは、彼らが非常に近い問題の場所から出発しながらも、最終的にはかなり異なる方向に向かって歩んでいったことである。

### 「アメリカ」との遭遇

すでに強調してきたところだが、この非常に近い問題の場所とは、すなわち「アメリカ」である。日本とアメリカは、太平洋を隔てて19世紀から20世紀にかけて拡張していった二つの帝国であった。この拡張は、アメリカのほうが早く、規模も大きかった。アメリカはすでに19世紀初頭までに太平洋捕鯨を本格化させており、アメリカ西海岸の港とハワイ諸島を結び、1830年代には小笠原諸島にも入植を開始していた。ちなみにこの捕鯨、主目的は照明用の鯨油で、その需要の拡大は欧米の都市生活が少しずつ明るくなり始めていたことと関係していた。都市を明るく照らし出すこととガス灯から電灯への流れ、やがてこれが巨大ダムや原子力技術と結びついて原子力発電の導入に至る過程については、拙著『夢の原子力』(ちくま新書、2012年)で詳論した通りである。

いずれにせよ、アメリカはすでに19世紀半ばまでに太平洋西岸に近づいていたわけで、日本にとっては、東南アジアから中国沿岸部を経て北上してくる英仏の世界帝国よりも、西進してくる太平洋の対岸の準帝国のほうが、西洋との出合いという意味では早く、また近い存在であった。こうして世紀半ばには中浜万次郎や浜田彦蔵のような太平洋で米船舶に保護された漂流民たちを通じ、幕府とアメリカの直接的な接触も始まっていた。たとえば、土佐の漁師万次郎が帰国したのは1853年のペリー来航の直前、51年のことであり、翌々年の53年には『漂流記』が出版されている。播磨の水夫、彦蔵の場合、帰国は 1859 年、『漂流記』の出版は 63 年のことである。彼らの他にも、だいたい 1830 年代頃から、日本近海で遭難した人びとが漂流し、アメリカ合州国と直接に接触していくケースが増えていた。

東からも、西からも欧米の帝国主義がこの列島に到達するなかで、1850 年代から 60 年代にかけての日本では、脱藩志士たちが到来する帝国の力の本質を必死で習得し、「天皇」を超越的な準拠点にきわめて速いスピードでの体制転換、すなわち諸侯横並びの幕藩体制からアジアに向けて拡張する軍事帝国体制への転換を成功させていった。19 世紀末までに、日本を太平洋に面するもう一つの帝国に押し上げていったのは、この転換のスピードの速さであり、推進役となった大久保利通や伊藤博文、森有礼といった新しい国家エリートたちは、超越的な審級としての「天皇」をきわめて巧みに利用した。日清・日露という 1890 年代から 1900 年代にかけての二つの戦争を経て、東アジアにおける日本帝国の中心性は揺るぎないものとなった。その後、幕末期の危機感や革新性を空洞化させながら、傲慢にも帝国としての日本は朝鮮半島や中国大陸への侵略、太平洋諸島の領有化を無際限に拡張させていった。

重要なのは、この日本の帝国化が、19 世紀を通じた英仏をはじめ、ロシア、プロシア、アメリカなどによる世界の帝国主義的支配の拡大への応答として現れていることである。アメリカも日本も、どちらかというと遅れて来た帝国主義国家であったが、19 世紀後半、この両国はほぼ同時的に太平洋を隔てて世界の植民地化に加わるのである。したがって、近代日本の帝国主義は多くの点で、先行する欧米の帝国主義を参照しながら、その諸要素を天皇制国家の体制と折衷させる方式をとった。換言するなら、19 世紀末以降、日本がアジアで帝国化していけばいくほど、日本はアジアのなかの「欧米」

として自己を定位し、脱亜入欧の道をたどっていった。

そしてやがて、日米が太平洋で軍事的に衝突し、日本が敗れてアメリカによる占領が始まると、そこで生じていったのは、19 世紀末から東アジアに建設された日本帝国の遺産の大部分が、アメリカの覇権構造に編入されていくことであった。もちろん、朝鮮半島北部と中国大陸は共産主義化していったから、日本帝国のすべてがアメリカの覇権構造のなかに入ったわけではない。しかし全体としてみるならば、ポスト帝国主義としての冷戦構造のなかで、日本帝国の主要な部分は「アメリカの傘」の下に入ることで安堵された。

戦後、とりわけ高度成長以降、日本人がきわめて安定的に親米的であり続けたのは、ひとつには冷戦構造のなかでアメリカが、戦中期までの東アジアにおける日本の特殊な地位、準帝国、あるいはアジアのなかの「欧米」としての地位を解消するのではなく、むしろ積極的に継続させ、保証してきたからである。ここにおいて日本の植民地主義はアメリカの覇権構造に引き継がれ、手厚く保護されていった。この日米抱擁の構造は、戦後日本の政治や経済からメディア、文化、日常意識まで、あらゆる局面を貫いてきた基幹的な条件である。日本は 19 世紀末から 1945 年まで、まさに東アジアの帝国であったがゆえに、フィリピンや韓国などの植民地であった国々よりも深く、自己の内面に「アメリカ」を受け入れたのだ。

それはちょうど、鶴見和子、俊輔、良行の 3 人が、アメリカで自己形成を遂げたがゆえにその内面化された「アメリカ」と対峙するところから戦後を出発させなければならなかった事情と、対照的な仕方で表裏をなしていた。彼らはエリートであったがゆえに、アメリカで育まれた。しかし戦後の多くの日本人は、アメリカの支配圏に編入された旧帝国の国民として、それぞれ日米抱擁を内面化することで「復興」と「成長」の半世紀を生き抜いてきた。

## 親米日本を問い返す場所

本書で取り上げてきた三人の知識人の「アメリカ」への対し方は、このような戦後日本人全体の「アメリカ」との抱擁、つまり戦後天皇制がアメリカとの抱擁を通じて提供した「豊かさ」や「夢」に、大多数の日本人が堰を切ったかのように没入していった戦後史のなかで、その批判的実践としての意義を評価され直さなければならない。戦後日本人の社会意識全体としてみるならば、1960年代以降、「アメリカ」に対する複雑な感情はほとんど解消されていた。

たとえば時事通信社が1960年から実施してきた「好きな国・嫌いな国」についての世論調査は、60年代以降、日本人がどれほど「アメリカ」を偏愛していくかを如実に示している。それによると、60年安保で世情騒然たる状況だったときの第1回調査ですら、「好きな国」としてアメリカを挙げた人は47.4%、「嫌いな国」として挙げた5.9%をはるかに超えた。日米安保反対の運動がうねりのような広がりをみせた時代ですら、全国平均の意識では、親米が反米をはるかに凌駕していたのである。総理府（現内閣府）の「外交に関する世論調査」でも、1978年から毎年、アメリカに対する親近感を尋ねているが、アメリカに「親しみを感じる」と答えた人の割合は、1978年が72.7%、85年が75.6%、90年が74.2%、95年が71.2%というように、ほぼすべての年で70%以上に上る。

このような社会全体の強度の親米化傾向を予見的に直観して、日米戦争中には終始「アメリカは敵ではない」、敵はむしろ「日本」なのだと内心感じていた日本兵鶴見俊輔は、敗戦直前になって戦後は「アメリカが敵になる」と日記に書きとめた。戦前、米国の大学のゼミで提出した天皇制に関するレポートのために憲兵に追い立てられる悪夢を見ていた鶴見和子は、戦後になると、今度はアメリカ兵によって殺される悪夢を見る。鋭敏な知的感受性を備えていた姉弟が感知していたのは、戦中までの天皇制支配が、マクロにいうならばアメリカ＝占領軍による支配体制に組み込まれていく展開であった。和子が語ったように、これは支配の「殻」が二重になっていった過程なのであって、もはや「日本」から逃れるために「アメリカ」に向かうことも、「アメリカ」に抗するために「日本」に向かうこともできなくなった。日米抱擁のこの体制は、やがて戦後日本人の意識の奥深くに入り込み、私たち自身の影となった。

鶴見祐輔のアメリカ論が、このような二重化した「殻」からすれば、その批判の契機など微塵もなく、むしろそうした二重の支配を正当化することしかできないことは、すでに論じてきたところである。これに対して鶴見和子は、天皇制にもアメリカによる占領にも対抗しうる民主的は主体を、とりわけ日本の女性たちのなかに創り出そうと考えた。彼女の生活記録運動はその実践であり、やがて内発的発展論と柳田国男の民俗学を結びながらそうした国民的主体を常民のなかに求めようとした。しかし、このいずれの方向も、「日本」の殻の深部に「芯」らしきものを創出・発見していこうとする試みであり、「日本」の殻と「アメリカ」の殻を同時に破るものになるのは難しかった。他方、彼女が最後にたどりつく南方熊楠は、日本の内側というよりも、アメリカや中南米、帝国の周縁と紀州・田辺というローカルな村を重ねる仕方で「日本」と「アメリカ」の殻を同時に越境してしまう可能性を内包していた。

これに対し、俊輔と良行がこの問題に対して出していった答えの方向はといえば、俊輔はポスト・コミュニケーション論的、良行はポスト人類学的なものだった。俊輔にとって問われるべきは、常に言葉の問題であった。これは、和子の関心が、言葉よりも主体の問題にあったのとは対照的である。アメリカン・プラグマティズムの洗礼を深く受けた俊輔は、言葉は意味よりもコミュニケーションの問題であると考えていた。したがって、そのコミュニケーションが歴史的状況のなかでいかに成り立つかは決定的に重要である。俊輔はこの観点を、すでに戦中期にアメリカの収容所や日本の軍隊のなかで「参与観察」しながら鍛え上げていた。その観点を、人文学全体に適用すべきだとも考えていた。なぜなら、人文学が扱うのはまさしく言葉と表象であり、そのすべてがコミュニケーションの問題なら、人文学は重大なパラダイム転換を経験するはずだからだ。

大多数の日本の人文学者が、俊輔のこの問題提起の重要性に気づかないでいる間に、俊輔は、実は問題なのはコミュニケーションではなく、ディスコミュニケーションなのだと気づく。ディスコミュニケーションとは、誤解や葛藤、奪用によって成立する過程であり、そこでは力の不均衡のなかで意味の節合が生じている。したがって俊輔の当面の問いは、占領期を通じて導入されていった様々な戦後的概念が、日米間のいかなるディスコミュニケーションによって節合されてきたかを明らかにすることになる。

他方、良行は俊輔のように深く考え抜くよりも、むしろ深く歩き抜く人だった。分析的思考の鋭さでは、1970年代頃までの俊輔は圧倒的である。良行はベ平連の活動家としては、俊輔以上に経験を積んでいたかもしれないが、その経験を通じて見えてきたものを、少なくとも80年代まで言葉にできていない。それでも彼が50年代、思想の科学研究会の一員として実施した米軍基地周辺のひとびとについての調査は、米兵と地主住民、米兵相手に商売をする女たちの重層的な差別力学を浮かび上がらせており、この時代の米軍基地論としては出色である。良行のエスノグラファーとしての優秀さは、すでに50年代から片鱗をのぞかせていたわけだ。やがて80年代、良行はアメリカから「すっぱり離れ」、西洋的な意味では国境のはっきりしない東南アジアの多島海を歩き抜くようになる。

そこから見えてきた「アジア」は、単に欧米の植民地としての「アジア」でも、民族ナショナリズムの「アジア」でも、あるいは「アメリカ」の対抗勢力としての「アジア」でもない。エスノグラファーとしての良行が描き出していったのは、19 世紀半ばまで、一方でインドネシアからフィリピンまでの数万の島々から成る巨大な多島海地帯が生み出していた生活、経済、風景の多様性であり、他方でそのようなネットワークから生まれる無限に近い多様性を備えたアジアが、19 世紀半ば以降、欧米や日本の開発主義的な植民地主義によって、そして 20 世紀のアメリカ型グローバル資本の大規模プランテーション農法によって失われ、均質化していく過程であり、さらに両者間のせめぎあいであった。

### 1945 年の連続　1845 年の切断

前章で取り上げたように、鶴見良行は欧米や日本の開発型植民地主義が東南アジアの島々の風景と生活を根底から変えてしまうようになるのは、長く見積もってもこの 150 年、つまり 19 世紀半ば以降の出来事なのだと強調していた。ポルトガルやスペインに始まり、オランダや英仏によっても進められたアジアの植民地化は、16 世紀からすでに始まってはいた。しかしながら、19 世紀半ばまでの植民地化は、基本的には交易型の植民地化であり、植民地権力はアジアの内陸奥深くまでは入り込んでいない。欧米勢力は各地の港を占領し、そこに支配の拠点を築き、様々な商品の交易においてアジアを搾取したが、土地の風景を直接、根こそぎ変化させてしまうようなことは、19 世紀半ばまではしていないのである。したがって 19 世紀前半まで、西洋の交易型植民地主義と多島海としてのアジアは共存していたと考えることができる。

いまだ多様性を保ち、生き生きと活動していた「海のアジア」が深刻なダメージを受け始めるのは、19 世紀後半以降に拡張し始める日米の植民地主義や、交易型から開発型に姿を変えていった 19 世紀後半以降の植民地主義によるもので、この流れは 20 世紀以降、政治的独立を勝ち取ったはずの国民国家が、経済的にはグローバル資本主義に組み込まれて多国籍企業の大規模農法や森林伐採を受け入れていくことによってより深刻化していった。

つまり、ここでの話のポイントは、一方では日本の敗戦とその結果としての東アジアにおける日本帝国の崩壊、それとも結びつきながら広がったアジア各地での民族独立が、必ずしも植民地支配からの解放という歴史の切断点にはなっていないことであり、他方では同じ西洋列強による植民地支配でも、19 世紀前半までと半ば以降では決定的な切断があったことである。この歴史認識は、19 世紀末からの東アジアにおける日本の帝国主義的拡張が、1945 年の敗戦によって雲散霧消したわけではなく、むしろ 20 世紀後半は、冷戦構造のなかのアメリカの覇権体制に組み込まれて継続したと考える本書の視点とも符合している。

東アジアの現代史は、1945 年を決定的な切断点としておらず、それ以前と以後の連続性を再確認すべきである。他方、そうした現代的状況が生まれるのは 19 世紀半ばであり、19 世紀初頭までのアジアと、19 世紀半ば以降のアジアでは、構造的な切断があると考えてみるべき理由も多い。私たちの現在は、19 世紀半ばからのおよそ 150 年の歴史の連続性のなかにあり、この 150 年のなかにある様々な連続と非連続を再認識する必要がある一方、この 150 年の連続性をそれ以前の時代にまで引き延ばしてしまうことには慎重であるべきなのだ。

仮説的に述べるならば、この 150 年の東アジア（東北及び東南アジア）の現代史は、約半世紀ごとの三つの段階に分けることができる。絶対的な切断点ではないにせよ、それでも1945年の日本帝国の崩壊は大きな出来事だったので、そこでこの150年を区切ってみることにしよう。45年からちょうど半世紀を遡った1895年は、日清戦争の年である。日清戦争は、日本がアジアの帝国主義国家にのし上がっていく決定的なポイントだった。この戦争での清の敗北により、東アジアの歴史は日本を中心に廻り始める。ほどなく日本人は朝鮮半島のみならず中国に対しても偏狭な差別意識を強固に抱くようになり、自分たちがアジアの覇者であると思い上がっていく。そして実際、1895年からの半世紀は、アジアにおける日本の軍事帝国主義的拡張の時代となった。約10年後の日露戦争によって朝鮮半島の支配を決定的なものにし、さらに満洲にまで触手を伸ばし、第一次大戦のなかで南洋群島も手に入れていく。1940年代までに、東アジアでの日本の支配圏は尋常ならざる膨張を遂げた。

しかし、この1895年からさらに半世紀を遡ると、ちょうど1840年代になる。この時期に起きた大きな出来事といえば阿片戦争であろう。阿片戦争での清の敗北により、西洋列強によるアジアの植民地化は一気に加速した。中国は西洋の苛烈な侵食を受けるようになり、それまで東アジアの中心だった地位をどんどん弱体化させ、やがて崩壊に向かう。つまり1940年代から90年代までの半世紀の東アジアは、中国の弱体化、中心性の喪失と西洋の植民地主義がそれまでの沿岸部だけでなくアジアの内陸部にまで入って土地経営に乗り出す動きによって特徴づけられる。

この半世紀のちょうど中間地点、1860年代末に日本では明治維新が起きている。西洋植民地主義が明らかに侵略的傾向をとり始めたことに危機感を募らせた諸藩の若手武士たちが、動乱のなかで横につながりつつ薩長大藩の実権を牛耳ることで倒幕に成功する。この成功譚は、今日でも多くの日本人が最も愛する歴史物語として消費され続けているが、倒幕と維新後の軍事帝国化（富国強兵）の成功が、「天皇」を神聖な超越的審級に据え、またその「天皇」を媒介に近代的諸制度をいかなる抵抗をも排除して導入していくことによってこそ実現したことは、その後の日本社会を特有の仕方で条件づけることになった。

歴史の針を、1945 年から現在に近づけてみよう。45 年から半世紀後といえば、1995 年である。この年に日本で起きたのは、いうまでもなく阪神・淡路大震災とオウム真理教事件であった。この二つのカタストロフにより、多くの日本人が、日本が安穏と「豊かさ」を貪ってきた「長い戦後」が終わったこと、今や日本社会は下降線をたどり始めており、その先には未知で不安定な時代が待っていることを直感した。この少し前には、東欧の社会主義政権の崩壊からソ連崩壊までの歴史の大激動が起きていた。

ちなみにこの 45 年からの 50 年間は、中間の 1970 年で二つに分けることができる。前半の 25 年は、日本にとっては「復興」と「成長」の時代であった。占領期の民主化政策から 50 年代の復興期を経て、60 年代の高度成長期へと進む。その折り返し地点の 1970 年は、もちろん大阪万博の年である。そして 70 年代以降、オイルショックや公害、諸々の矛盾や問題が噴出し、葛藤を内包しながらも、全体として戦後日本は 90 年代初頭までの 20 年以上にわたる安定期を享受してきた。

以上のように概観してくると、19 世紀半ばからの東アジアの 150 年は、①西洋植民地主義によるアジア侵略の苛烈化と中国の衰退の段階（1840 年代～ 95 年）、②日本の帝国主義的拡張の段階（1895 ～ 1945 年）、③東西冷戦構造によるアジア分断と日本帝国からアメリカの覇権体制への移行の段階（1945 ～ 95 年　日本における「戦後」の享受）という三段階を経てきたことがわかる。

「アメリカ」は、この150年の最後の半世紀を通じて圧倒的な影響力を及ぼしてきた。しかし、それまでの1世紀、東アジア最大の問題は、「中国」の衰退と「日本」の膨張であった。西洋列強による侵略で旧秩序がずたずたにされていくなかで、中国の力の衰えを利用して日本は東アジアの覇者となった。1945年以降、アメリカはこの日本の役割を部分的に引き継ぎ、それまでの帝国主義秩序を冷戦構造に組み入れていく。だからそのアジアにおいて、「アメリカを越える」には、第一には日本の帝国主義からアメリカの覇権体制への連続性が乗り越えられなければならないし、第二には、1840年代以降のアジアに起きた150年間の「長い戦時」から解放される方法が見つけ出されなくてはならない。

## 1980～90年代の切断

鶴見和子や俊輔が、戦後思想の代表選手として活動していたのは1940年代末から70年代までである。俊輔の場合、最も早い段階の著作といえる「言葉のお守り的使用法」が世に出るのが1946年、これに思想の科学研究会での活動が続き、そのなかには「ひとびとの哲学」や一連の大衆芸術論が含まれていた。本書で取り上げたコミュニケーション論が展開されていくのが50年代半ば、転向研究は50年代末にまとめられ、限界芸術論が60年に出されている。1960年代から70年代にかけて俊輔は、『折衷主義の立場』(61年)、『日常的思想の可能性』(67年)、『不定形の思想』(68年)、『北米体験再考』(68年)、『私の地平線の上に』(75年)等を次々にまとめ、『グアダルーペの聖母』や『太夫才蔵伝』のような珠玉の作品も70年代半ばに出版される。もちろん、俊輔の旺盛な出版はその後も続くが、80年代以降、内容的にはどちらかというと講演録や対談集が多くなっていった。

和子の場合、初期の『パール・バック』が 1953 年、50 年代から 60 年代にかけては生活記録運動と結びついた著作が続き、70 年代になると柳田国男に関心が集中する。南方熊楠についての著作を最初にまとめるのも 78 年である。俊輔も和子も、方向はかなり異なるにせよ執筆の最盛期は 70 年代までとみることができる。

これに対し、良行の主要諸作はほとんどが 1980 年代以降に出されている。『バナナと日本人』が 82 年、『マングローブの沼地で』が 84 年、『海道の社会史』が 87 年、『ナマコの眼』が 90 年だから、本書で取り上げた初期の秀作があり、ベ平連での活動を通じて多くの政治的文章は書いているものの、主要な作品群は晩年の 15 年間に集中している。俊輔が、1940 年代後半から 70 年代半ばまでの 30 年近くにわたり主要著作を出し続けてきたのに対し、良行は 80 年代になって忽然と言論の最前線に登場し、90 年代までの約 10 年をアジアを踏破しながら駆け抜けていったのである。

このような俊輔や和子と良行の間の執筆時期の違いは、両者の年齢的な違い以上に、思考のパラダイムに関わることのように思う。すなわち、第二章で自ら語っていたように、俊輔は在日文学については多くを書いているが、実際に朝鮮半島や中国大陸から日本列島を眺め返す作業はしていない。メキシコに越境することであれほどの作品を残した俊輔だから、実際に韓国や中国に住んでみて日本列島を見返したらば何を書き残したであろうかと想像したくなるが、俊輔の視座は、近代天皇制的な、あるいは冷戦構造的な思考に対する徹底的な批判なのであって、そのような構造がアジアでも終わっていく時代から出発しているものではない。俊輔は「戦後」や「アメリカ」を、その複数性やねじれや葛藤において深く問うているが、「アジア」に自分の軸足を移しているわけではない。

これに対して良行が旅を本格化させるのは、すでにベトナム戦争が終わり、カンボジア内戦も終わり、アジアに「戦後」という新しい時代が到来し始めた時期である。ここにおいて、良行の思考は、近代天皇制なりアメリカニズムなりを批判するというよりも、そうした思考を前提としない地平に自らを向けようとしている。

良行が1980年代から先駆的に看取していたアジアの変化は、90年代半ば以降、多くのアジア知識人に共有されるトランスナショナルな現実となった。私自身、90年半ばを境に、自分とアジアとのかかわり方が劇的に変化したのを確認できる。80年代までは、たとえば唐十郎の紅テントや佐藤真の黒テントといった前衛演劇がアジアでどんな活動をしてきたかはよく知っていたし、韓国のマダン劇やサムルノリの公演に頻繁に足を運んでいた。しかし、自分自身が直接、韓国や台湾、中国、東南アジアの知識人たちと組んで、恒常的に会議を催し、共同プロジェクトを展開し、時にはともに旅してアジアをまわるようになるのは90年代末以降である。

90年代、アジアは巨大な大衆的規模で変化を始めたのであり、これをアジアの「戦後」と呼ぶことができるように思う。このアジアの「戦後」のなかで、それまでのように一部の企業社員や外交官、運動家だけでなく、きわめて広範囲の日本人が、韓国や台湾、中国、東南アジアの友人たちと日常的に活動を共にするようになっていった。——まさにこのような地平の広がりへの予感を、良行の80年代の著作に読み取ることができるのである。

### 日本の「戦後」　アジアの「戦後」

アジアの「戦後」は、日本の「戦後」とは大きく異なる。短くとれば1945年から四半世紀、70年頃まで続いた日本の「戦後」は、冷戦構造とアメリカの軍事的傘によって守られた日本本土だけの「復興」と「成長」の時代であった。この場合、「戦争」とは、

1931年9月18日の満洲事変から45年8月15日の「終戦」までの約14年間を指す。14年間の「戦中」に対し、「戦後」は20年以上にわたって続いた。本土の日本人にとって、それは空襲や本土決戦の恐怖が消え、「平和」のなかで復員と復興、経済成長に向かっていく「明るい」時代として記憶されるが、まったく同じ頃、朝鮮半島を焦土と化す朝鮮戦争が勃発し、停戦後も南北分断のなかで軍事独裁政権の支配が続いていたし、インドシナ半島ではやがてベトナム戦争が泥沼化していく。中国は60年代に文化大革命によって国内が混乱状態になり、台湾、フィリピンも軍事独裁政権が支配していた。そして沖縄でも、72年に返還されるまで、米軍による占領状態が続いていた。つまり70年代まで、東アジアで「戦後」を経験していたのは日本本土だけで、他の地域では戦時ないし準戦時の状態が続いていたのである。

しかしこれが、1980年代には変化し始める。ベトナム戦争は1975年にサイゴン陥落をもって終結し、その後もカンボジア内戦は続くが、東南アジアは全体として平和と経済成長に向かう。中国の文化大革命が終結するのも同じ頃で、70年代末に鄧小平が復活し、中国は改革開放路線への大転換を遂げていく。さらに韓国や台湾では70年代末から80年代にかけて民主化運動が高揚し、80年代末までにもはや民主化と経済成長が社会の主潮流となっていた。つまり、70年代半ばまでの東アジアと、90年代以降の東アジアは、同じアジアでも状況がまったく変化してしまったのであり、前者が「内戦」と「革命」、「独裁」のアジアであったなら、後者は「民主化」と「経済成長」のアジアである。こうして90年代までに東アジア全体が「戦後」を迎えつつあったのだが、これは同時代、日本がバブル経済の時代も含めて引き延ばされた「長い戦後」の終わりを経験していたことと対照的な事態であった。

それにしても、このアジアの「戦後」はいかなる「戦争」の「後」なのか——。前述のように、まずはそれが軍事独裁政権やベトナム戦争、中国の文化大革命といった準戦時的体制の終わりを意味していることは言うまでもない。しかし、朝鮮半島にしても、中国大陸にしても、インドシナ半島にしても、あるいはフィリピンやインドネシアにしても、そこでの軍事独裁政権の成立や革命、内戦は、かつてこれらの地域が日本帝国の統治下にあったか、あるいは日本軍の侵略と闘っていたことを背景にしている。朝鮮半島に典型的に示されるように、日本帝国の急激な崩壊は、そこで生じた空白地帯をめぐる米ソの抗争を激化させ、それらの地域を東西冷戦の最前線とした。大日本帝国の崩壊と冷戦の激化の間には、構造的な連続性があるのである。

それだけではない。中国や朝鮮半島、インドシナの諸地域は、革命政府や軍事独裁政権が誕生する以前からずっと戦争状態だった。朝鮮戦争の前には日本軍の撤退とソ連軍の北からの侵攻があり、中国大陸では革命前に日本軍との熾烈な戦いがあった。東南アジアの場合、戦いの相手には日本だけでなく、英仏蘭の旧宗主国が含まれていた。

つまり、中国や朝鮮半島、東南アジアの多くの地域では、19 世紀半ば、西洋列強のアジアへの植民地侵略が本格化したあたりから、ほぼ常態的に戦争状態が続いていたのである。ある時は、それは侵略してくる西洋列強や日本の軍に対する防衛戦であったろうし、植民地支配が確立した後は民族独立闘争であったろう。また多くの場合、国内に軍閥が群雄割拠し、内戦状態を経験することになった。これらのすべてを含め、アジアは 19 世紀半ばから 150 年近くに及ぶ「長い戦争」を経験してきたのだ。

この「長い戦争」を比較的免れていたのは、いち早く帝国化を成し遂げた日本や、ちょうど諸勢力の緩衝地帯となっていたタイのような限定された地域にすぎなかった。1980年代以降、東アジア各地で終結していくのは、この約150年に及ぶ「長い戦争」である。帝国と植民地、独裁国家の累積された体制が、総体として新しいグローバル経済に巻き込まれていくことで溶解し、市場と資本の論理があらゆる壁を越えて社会全域に浸透していくなかで、「戦時」から「戦後」への転換が進んでいった。

「アメリカを越える」方法が改めて必要とされるのは、まさにこうした状況である。私たちはすでに、21世紀の東アジアでは、もはや革命も内戦も生じないだろうことを知っている。資本のシステムは全アジアを統合し、貧富の格差や弱者の搾取、さらには地域間のさまざまな不平等を継続させながら、長期にわたって存続するだろう。もちろん、日本と中国、ロシア、韓国の間では、国境をめぐる紛争がしばらくは続くかもしれない。さらに巨大災害や原発事故のような重大な事故が、これからもアジアで起きる可能性はある。しかしそれでも、過去150年の「長い戦時」にアジアが再び戻ることは、もはやないと私は考えている。西洋列強の帝国主義も、日本の軍事侵略も、アジアに再来するとは思えない。

他方、中国の台頭で東アジアの地政学的な秩序が変化し、日米抱擁によってフタをしてきた多くの問題が今後とも表に出てくることになるだろう。150年の歳月を隔てて、アジアは再び中華中心の時代に戻っていくだろうし、アメリカも以前ほどには覇権を維持できないだろう。日本社会は徐々に、アメリカの傘の下にいれば万事安泰という時代ではないことに気づいていくことになろう。

しかし、中国がさらに超大国化し、太平洋を挟んで米中の二極構図がますますはっきりしてきたとしても、米中二極化だけで東アジアの将来を考えるのは、これまでの西洋列強や日本の帝国主義、そしてアメリカ中心の冷戦期の思考の延長にしかならないこともまた明らかだ。数万の群島からなる東アジアには、もっと遥かに多元的な都市秩序のなかで交易や連携が活発化し、無数の点が結ばれて網状化し、国家が相対化されていくような道があるはずだ。

危惧されること――それはアジア全体が1世紀ぶりの「戦後」に突入したのだとしても、ちょうど日本の「戦後」がアメリカの傘の下で帝国主義的構造を継続させたように、アジアの「戦後」が冷戦的な大国主義の延長線上で構想され、過去150年の開発主義的体制を温存させていくことである。帝国主義と冷戦の150年が、さらに主役が日本から中国に交代しながら延長されていく可能性がある。ここにおいて中国は、21世紀の「もうひとつのアメリカ」としてアジアで振る舞っていくことになるのだろうか。

「アメリカ」は、20世紀半ば以降、19世紀からの西欧や日本の帝国主義とその軍事システムを引き継いで膨張していった地球規模の超国家的な機構である。そしてそれは、今なお21世紀資本主義最大の依代であり続けている。だからその「アメリカを越える」ことは、過去半世紀の軍事独裁や戦争はもちろん、日本の帝国主義や西洋列強の植民地主義の時代を越えて、さらに近未来に出現するかもしれない新たなる大国主義の時代をも越えて、つまりこれらすべての過去150年の〈近代〉を越えて、その彼方に広がるアジアの未来を見通すために、どうしても必要な回路なのである。

# あ と が き

『アメリカの越え方』という本書のタイトルから、西川長夫氏の名著『国境の越え方』(筑摩書房、1992年)を連想する人も少なくないであろう。今でも示唆を得ることの多い本だが、その冒頭、人々の心理的世界地図について語るところから西川氏は論を始めている。日本人の心理的な世界地図は、アメリカとヨーロッパが異様に大きく、ニューヨークは東京のすぐ近くにあり、ピョンヤンやソウルはパリやロンドンよりも遠くにあるかもしれない、というのが西川氏の推察であった。ついでに言えば、東南アジアや南アジアの国々は、極端に小さく、ほとんど気がつかないほどかもしれない。

この現代日本人の世界地図で、アメリカは異様に大きく、支配的位置を占めてきた。戦後日本人は、自分たちのアイデンティティの根幹にかかわる他者として、政治軍事的にばかりでなく、心理的にも「アメリカ」との間に特別な依存的関係を結んできた。西川氏の著書は、このアメリカとの特別な関係についてあまり多くを語っていないが、ポスト帝国主義としての冷戦体制、あるいはポスト冷戦としてのグローバル化のなかで「国境を越える」には、「アメリカを越える」方法がどうしても考えられねばならない、と思う。

この関係の大衆意識レベルでの交錯史は、すでに『親米と反米』(岩波新書、2007年)で書いた。本書で考えようとしたのは、戦後日本の最良の批判的知識人が、この「アメリカとの抱擁」を越えていく方法を、どのように編み出してきたのかという点である。

もともと私が鶴見俊輔氏の著作について、ある程度まとまった考察を進めたのは、『メディア時代の文化社会学』(新曜社、1994年)に収録した「コミュニケーションとしての大衆文化」(初出、1990年)

が最初で、その後も何度か、カルチュラル・スタディーズを論じる際、レイモンド・ウィリアムズやスチュアート・ホールの思考と俊輔氏の思考の重なりやずれについて考えることがあった。

鶴見良行氏に興味を持ったのは、もともと米軍基地やアメリカニズムとの関係からで、本書の第三章とすることになった論文を「鶴見良行とアメリカ――もう一つのカルチュラル・スタディーズ」としてまとめ、『思想』(2005年12月号)に収録している。

すでに触れたように、いくら親族だからといって、異なる人生の軌跡をたどった3人を、並べて論じることには無理があるとの批判は可能だろう。しかし3人は、いずれも人生の自己形成期をアメリカで過ごしており、「アメリカ」は、それぞれの思考に深く刻印されている。しかもこの「アメリカ」との近さは、この一族が親米エリートの系譜に属し、俊輔と和子は明治政府の中枢にいた後藤新平の娘婿一家でもあったことと無関係ではない。やがて異なる道を歩むことになるとしても、3人がその出発点でアメリカとの深い関係を共有していることは、決して偶然とはいえないのである。

そんなわけで、本書は表題も内容も先人たちの肩の上に乗せてもらうことで初めて成立している。ここで先人の肩から肩への跳躍を可能にしているのは、「アメリカ」という問いである。この問いをめぐり、著者が考えてきたことを理解してもらうには、拙著のなかでも前述の『親米と反米』の他、『天皇とアメリカ』(共著、集英社新書、2010年)や『夢の原子力』(ちくま新書、2012年)を併読いただき、これらを一連の作業として理解してもらう必要がある。

2012年8月

吉見俊哉

**【著者紹介】**

**吉見俊哉**（よしみ しゅんや）

東京大学大学院情報学環教授。1957年東京生まれ。東京大学大学院社会学研究科博士課程単位取得退学。専攻は、社会学・文化研究。

主な著作に、『都市のドラマトゥルギー』『声の資本主義』（以上、河出文庫）、『博覧会の政治学』『万博と戦後日本』（以上、講談社学術文庫）、『親米と反米』『ポスト戦後社会』『大学とは何か』（以上、岩波新書）、『夢の原子力』（ちくま新書）、『メディア時代の文化社会学』（新曜社）、『カルチュラル・ターン、文化の政治学へ』（人文書院）、『リアリティ・トランジット』（紀伊國屋書店）、『カルチュラル・スタディーズ』（岩波書店）、『メディア文化論』（有斐閣）、『メディアとしての電話』（共著、弘文堂）、『天皇とアメリカ』（共著、集英社新書）、『3・11に問われて』『書物と映像の未来』（以上、共著、岩波書店）ほか。

編著に、『社会学文献事典』『情報学事典』（以上、弘文堂）、『岩波映画の1億フレーム』『占領する眼　占領する声』（以上、東京大学出版会）、『1930年代のメディアと身体』（青弓社）、『カルチュラル・スタディーズで読み解くアジア』『メディア・スタディーズ』（以上、せりか書房）ほか。

**アメリカの越え方**——和子・俊輔・良行の抵抗と越境

平成24年10月15日　初版1刷発行　　現代社会学ライブラリー 5

著　者　吉見俊哉

発行者　鯉渕友南

発行所　株式会社　弘文堂　101-0062 東京都千代田区神田駿河台1の7
TEL 03(3294)4801　振替 00120-6-53909
http://www.koubundou.co.jp

装　丁　笠井亞子

組　版　スタジオトラミーケ

印　刷　大盛印刷

製　本　井上製本所



ISBN978-4-335-50122-7

# 現代社会学ライブラリー【既刊】

## 第1巻　大澤真幸【著】『動物的／人間的──1. 社会の起原』

人間とは何か。人間の〈社会〉が、動物の「社会」と異なるのはどこか？　哲学・進化論生物学・動物行動学・霊長類学・自然人類学などの知見と切り結び、人間の本質に迫る。渾身の力作、待望の第1巻。大澤社会学の新たな挑戦が始まる。

## 第2巻　舩橋晴俊【著】『社会学をいかに学ぶか』

講義ノート／読書ノート／発見・発想ノートの作り方から、よい論文の書き方まで、豊富な経験に裏打ちされた手法を伝授。社会学の基礎や思考法が、驚くほどよく理解できる。学問の入口で、まず読んでおきたい1冊。

## 第3巻　塩原良和【著】『共に生きる──多民族・多文化社会における対話』

「いかに生きるか」という課題に、どう向き合うか？　異なる文化を生きてきた他者に出会い、共に生きる。そういう社会に、わたしたちは暮らしている。従来の「多文化主義」を乗り越え、対話と協働による新しい「共生」を考える。

## 第4巻　柴野京子【著】『書物の環境論』

本とどのように出あうのか？　出版のデジタル化やインターネット書店は、「本の世界」をどう変えようとしているのか。産業としての出版・物としての本は、どのような現実のなかにあるのか。本の世界に起きていることを、知りたい。